KB142978

성스러운 자연

성스러운 자연

잃어버린 자연의 경이를 어떻게 되찾을 것인가

카렌 암스트롱 | 정영목 옮김

하늘은 나의 아버지요 땅은 나의 어머니이며

내 눈에 보이는 한낱 미물도

그 가운데 내밀한 곳이 있다.

따라서 우주를 채우는 것을

내 몸으로 여기고

우주를 이끄는 것을

내 본성으로 생각한다.

만인이 나의 형제자매이며

(자연의) 만물이 나의 동무다.

– 장재, 〈서명(西銘)〉에서

차례

어떻게 자연과 다시 만날 것인가

대영박물관에 처음 갔던 때―그 후로 그곳은 나에게 아주 친숙하고 중요한 장소가 되었다―를 생생하게 기억한다. 당시 어린 수녀였던 나는 대학에 가려고 공부하고 있었는데 선생님이 박물관에 가서 전시 중인 육필 원고를 보라고 했다. 그 시절에는 국립도서관이 박물관 안에 있었는데, 나는 그곳에서 윌리엄 워즈워스, 새뮤얼 테일러 콜리지, 존 키츠의 육필을 보며 경이에 사로잡혔다. 그들이 바로 그곳에 있다는 느낌은 거의 충격이었다. 시간이 붕괴해버린 것 같았다. 나는 당시 나의 일부였던 이 시들이 생겨나던 순간을 보고 있었다. 나는 그 원고들을 분석하고 싶지 않았다. 그냥 그들이 있는 곳에 있고 싶었다.

그것은 일종의 영적 교감이었다.

내 반응이 극단적으로 들릴지 모르지만 나는 일반적인 박물관 관람객이 아니었다. 나는 박물관에 가기 전 4년 동안 외부 세계와 완전히 단절된 채 수녀원에서 살았다. 우리는 아무런 뉴스도 들을 수 없었다. 예외적으로 1962년 쿠바 미사일 위기는 알려주었는데 위기가 끝났을 때 윗사람들이 잊고 말해주지 않아 우리는 아마겟돈을 기다리며 불안한 세 주를 보냈다. 나는 4년 동안 텔레비전도 영화도 신문도 보지 못했다. 1960년대 사회 혁명이 무엇인지 전혀 몰랐다. 온몸을 완전히 감싸는 수도복을 입은 채 육필 원고를 보고 있던 나는 20세기 중반의 젊은 여자라기보다는 벽장에 갇힌 빅토리아 여왕 시대 소녀에 가까웠다.

요즘 박물관 관람객들이 과거의 위대한 유물과 마주하는 것을 지켜보면 그들은 단지 구경만 하는 것이 아니라 사진을 찍어야만 한다고 생각하는 듯하다. 내가 어릴 때와는 달리, 예를 들어 로제타석(石)과 단지 영적 교감을 나누고 싶어 하는 게 아니라 어떤 식으로든 그것을 소유하려고 애쓰는 듯하다. 가상의 사본을 가지기 전에는 그것이 그 사람에게 진짜가 되지 않는 것 같다. 뭔가를 본다는 그런 작은 행동에서 내가 지난 60년 동안 경험한 변화가 우리가 자연과 맺는 관계의 변화를 보여주는 건 아닐까? 우리는 아주 아름다운 장소를 걸으면서 통화를 하거나 소셜미디어 화면을 움직인다. 우리는 그 장소에 있지만 근본적인 의미에서는 그곳에 없다. 강가에 앉아 생각에 잠기거나 경외감에 사로잡혀 산맥을 보는 대신 강박에 사로잡혀 이 장면 저 장면 계속 사진을 찍는다. 그 풍경이 우리 정신과 마음 속 내밀한 장소에 들어오도록 놓아 두지 않고 오히려 자연과 거리를 둔다. 이제 자연은 모의 현실이 되어 간다. 도시 생활로 인해, 또 마음을 온통 빼앗는 기술로 인해 우리는 자연으로부터 소외되었으며 그 결과 심지어 데이비드 애튼버러의 웅장한 자연 다큐멘터리조차 우리의 가장 깊은 핵심에 이르지 못할 수 있다.

우리 가운데 일부는 그런 소외감과 상실감을 강하게 느낀다. 하지만 이 현상은 최근에 나타난 것이 아니다. 나에게 그런 경이를 느끼게 한 국립도서관의 육필 원고를 쓴 낭만주의 시인들은 이미 자연과 우리의 망가진 관계를 애도했다. 윌리엄 워즈워스(1770~1850년)는 어린 시절에는 누렸으나 어른이 되면서 잃어버린 세계의 빛나는 모습을 떠올렸다.

초원과 수풀과 냇물,

땅과 모든 흔한 광경이

내 눈에는

천상의 빛으로

또 꿈의 찬란함과 싱싱함으로

치장하고 있는 것처럼 보이던

때가 있었다.

지금은 옛날과 다르다.

밤이든 낮이든

어디를 돌아보아도

내가 그때 보았던 것을 지금은 볼 수 없다.

위즈워스는 여전히 자연의 아름다움을 의식하지만 "땅의 찬란함이 사라져버렸다"는 것을 안다. 나무와 들 모두 "이미 사라져버린 어떤 것에 관해 말하는" 것을 본다.

환상의 빛은 어디로 달아나버렸는가?

찬란함과 꿈은 지금 어디에 있는가?*

---

* 《Ode: Intimations of Immortality》

워즈워스처럼 심오하지는 않지만, 나도 나 나름으로 비슷한 경험을 했다. 나는 1940년대 말에 아직 망가지지 않은 우스터셔 전원 지대에서 성장했는데, 내가 '푸치'라고 부르던 것에 관해 부모님께 이야기하려고 하자 두 분이 어리둥절한 표정을 지었던 것이 또렷이 기억난다. 당시 내가 아는 말 가운데는, 내 기억에 지금도 남아 있는 우리 집 근처 숲과 좁은 길에서 발산되는 이상하지만 매혹적인 광채를 표현할 말이 없었는데, 함께 다니던 어른들은 도무지 그 광채를 보지 못했다. 어른들은 내가 이야기책에 그려진 요정을 생각하고 있다고 지레짐작했지만 사실 그것은 모든 것을 감싸 안는 비인격적인 빛에 가까웠다. 그러나 일단 학교에 들어가 근대 생활을 지배하는 합리적 세계관으로 이끌려 들어가자 워즈워스와 마찬가지로 "빛과 찬란함이 스러져 / 평범한 날의 빛으로 희미해지는" 것을 경험했다.

그러나 우리와 자연의 변화된 관계는 단지 미적 상실로만 나타나지 않는다. 우리는 지금까지 오랜 세월에 걸쳐 우리가 자연환경에 끼치고 있는 피해와 그 피해가 인간 생활에 끼치는 잠재적으로 엄청난 영향을 점차 의식하게 되었다. 수천 년에 걸쳐 지구의 기후가 계속 변한 것은 사실이지만 지금까지는 늘 느린 과정이었던 반면에 지금 우리는 급속한 변화를 보고 있다. 지구의 기온과 해수면 높이는 놀랄 만한 속도로 올라가고 있는데 이것은 전적으로 인간의 활동 때문이다. 화석 연료를 태우면 이산화탄소가 지구의 대기로 방출되고, 대기권에 갇힌 이산화탄소가 지구 기온을 높인다는 것을 우리는 알고 있다. 이 상황을 제어하지 않으면 인간 삶은 위험에 처할 것이다. 물 부족으로 식량 생산은 점점 어려워질 것이다. 어떤 지역은 위험할 만큼 더워지고 어떤 지역은 높아지는 해수면 때문에 사람이 살 수 없을 것이다. 이미 북극 얼음과 빙하는 빠르게 녹고 있다. 과학자들은 1.5도 상승*을 지구 온난화의 '안전한' 한계로 설정해놓았다. 온도가 이보다 조금이라도 높아지면 우리가 아는 인간 삶은 불가능해질 것이다.

이 머리말을 쓰고 있는 2021년 여름, 환경 위기는 새로 긴급 상황과 맞닥뜨렸다. 미국과 남유럽 기온은 최고 수준에 이르러 공동체 몇 개를 완전히 태워버리는 엄청나게 파괴적인 산불을 일으켰다. 동시에 독일과 네덜란드는 전례 없는 홍수를 겪어 많은 사람이 목숨을 잃고 끔찍한 피해를 보았다. 기후 변화는 이제 걱정스러운 가능성이 아니라 두려운 현실이 되었다. 우리가 살아가는 방식을 바꿔야만 재난을 피할 수 있다. 이런 위기는 우리의 근대적 생활 방식이 원인인데, 이런 생활 방식은 상

---

* 여기서 1.5도 상승의 기준은 '산업화 이전 지구 평균 기온'이다. 더 구체적으로 말하면 1850년부터 1900년까지의 평균 기온과 비교해 기온 상승이 1.5도를 넘지 않도록 해야 한다는 것이다.

당한 성취를 이뤘지만 치명적 약점이 있다. 이제 우리는 우리가 지금 사는 방식이 다양한 혜택을 주지만 궁극적으로 인류의 번창을 억누를 뿐 아니라 우리 종의 생존 자체를 위협한다는 것을 서서히 깨닫고 있다. 우리는 생활 방식만이 아니라 믿음 체계 전체를 바꿔야 한다. 우리는 자연을 단지 자원으로만 취급하여 샅샅이 뒤지며 엉망으로 만들었다. 우리가 지난 500년 동안 우리 조상과는 매우 다른 세계관을 계발해 온 탓이다.

자연의 성스러움—자연의 '빛과 찬란함'—에 대한 워즈워스의 인식은 인류가 유아기 때 세상을 인식하던 방식을 닮았을지도 모른다. 오늘날 이런 원시적 생활방식은 토착 부족민으로 이루어진 소수의 공동체에서만 살아남았다. 18세기 말과 19세기 초 오스트레일리아, 아프리카, 남북 아메리카를 찾은 첫 서구 탐험가들은 샤먼이 황홀경에 들어가는 것을 보고 그가 '초자연적'인 것을 경험하거나 자신의 '내적 세계'를 탐험한다고 생각했다. 그러나 샤먼은 신들을 만난 것도 아니고 영적인 내면 여행을 하는 것도 아니었다. 그는 자신의 공동체와 자연환경 사이의 유익한 상호 교환을 확보하기 위해 둘의 중개자 역할을 하고 있었다. 샤먼에게는 우리가 초자연적인 것이라고 부르는 개념이 없었다. 그는 자연 위나 너머를 보는 것이 아니었고 근대 명상가처럼 자기 내부에서 신성을 구하지도 않았다. 대신 샤먼은 자신의 의식을 밖으로, 풍경의 깊은 곳에 투사하는데 이 풍경은 그에게 영적·심리적·감각적으로 살아 있는 존재이다. 그는 자신과 자신의 공동체가 주위의 동물, 곤충, 식물—심지어 돌에 자라는 이끼까지—과 공유하는 의식을 경험한다. 이렇게 부족민은 자신과 자연환경 사이에 상호성을 느끼는 반면 근대 서구인은 자연환경을 인간사의 배경으로만 본다. 그러나 근대 서구 문명이 발전하기 전에는 서구인의 조상도 이런 원초적 이해를 공유했을 것이다.

미국 인류학자 데이비드 에이브럼은 근대 서구가 '내적 세계'와 초자연적 천국에 대한 기독교적 관념에 초점을 맞추는 것이 모두 엄청난 정신적 변화의 결과라고 믿는다. 서구 역사의 이전 단계에서는 서구인도 자연을 살아 있는 것으로 경험했겠지만 시간이 흐르면서 자연을 기계적이고 활기 없고 예측 가능한 것으로 간주하게 되었다.[1] 에이브럼은 인도네시아와 네팔의 토착민과 오랜 기간 친밀하게 생활하면서 그들이 근대 서구인보다 자연을 훨씬 성숙한 방식으로 인식한다는 사실을 이해하기 시작했다. 나아가 이런 부족 문화에 완전히 젖어들면서 에이브럼 자신에게서도 그런 통찰이 발달하기 시작했다. 에이브럼은 심한 폭풍우가 몰아치던 어느 날 밤 동굴에 피신했다가 거미 두 마리가 복잡한 거미집을 짜 나가면서 차례차례 정교하고 아름다운 패턴을 창조하는 것을 지켜보다 그 광경에 매혹되었다.

나는 거미들로부터 인간이 아닌 자연에 도사리고 있는 지성을 알게 되었는데 … 그 지성은 우리가 완전히 살아 있고 깨어 있고 의식이 있는 세계를 향해 열려 있는 상태를 유지하게 해주었다. 나의 감각은 그런 작은 존재들을 통해 우리가 함께 살고 있는 이 세계 깊은 곳에서 집을 짓고 있는, 헤아릴 수 없이 많은 세계 속 세계를 처음으로 알게 되었고 또 내 몸도 연습을 하면 감각적으로 그런 영역 안으로 들어갈 수 있다는 것을 알게 되었다.[2]

에이브럼은 오랜 세월에 걸쳐 자신이 지금까지 탐사한 적이 없는 여러 수준의 의식을 경험하고 있음을 알게 되었다. 샤먼이 자기 집 귀퉁이에서 '권능'이나 '현존' 이야기를 할 때 에이브럼은 먼지 기둥을 환하게 밝히는 햇빛 한 줄기가 실제로 권능이라는 것, 공기의 흐름을 온기로 채울 뿐 아니라 방의 분위기도 바꾸는 활동적 힘이라는 사실을 깨달았다. 좁은 흙길을 걸어 풍경을 통과할 때도 속도를 늦추고 이 산과 저 산 사이의 영적이고 물리적인 차이를 의식하게 되었다.

우리 대부분이 도시 생활에 빠져 있고 점점 자연 세계로부터 물러나 테크놀로지 안으로 들어가고 있기 때문에 에이브럼의 경험은 이질적으로 보인다. 우리는 서로 분리되어 있는 다양한 존재와 현상 들을 보지만 에이브럼이 만난 부족민은 시간과 공간의 연속체를 본다. 그 연속체 속 동물이나 식물이나 인간에게는 어디에나 존재하는 성스러운 힘이 스며들어 있어, 이 힘이 그들을 하나의 종합된 전체로 끌어들인다. 도시 문명이 발달하기 전 수천 년 동안 이것이 아마 인간 대부분이 자연 세계를 경험하는 방식이었을 것이다.

서구의 첫 탐험가들은 자신들이 만나는 '문명화되지 않은 원주민'에게 이런 이상한 믿음이 있는 것은 그들의 뇌가 충분히 발달하지 못했기 때문이라고 생각했다. 그러나 프랑스 인류학자 뤼시앵 레비브륄(1857~1939년)은 원주민들의 뇌가 서구인의 뇌와 신경학적으로 동일하다고 확신했다.[3] 원주민도 실제적인 문제와 마주하면 뇌가 빠르게 효율적으로 반응하여 기술과 통찰로 문제를 해결할 수 있었다. 그들의 정신은 서구인의 정신과 다르지 않다고 레비브륄은 결론을 내렸다. 다만 원주민은 뇌의 다른 부분에 의지할 뿐이다. 근대 신경학자들도 아마 동의할 것이다. 신경학자들은 근대 서구인이 합리적·실용적 사고의 터전인 뇌의 좌반구에 많이 의존하는 반면 부족민은 사물 사이의 관련을 찾아내는 우반구 세계관을 갖고 있다고 지적했다. 실제로 우반구는 시, 음악, 예술, 종교의 원천이다. 레비브륄은 토착민의 논리를 묘사하기 위해 '참여'라는 말을 사용했다. 그들이 인간과 동물뿐 아니라 돌이나 식물처럼 '살아 있지 않은' 것으로 보이는 물체도 자기 나름의 생명을 갖고 모두 똑같은 존재 양식에 참여하여 서로 영향을 주는 것을 경험하기 때문이다.

자연 세계를 이렇게 '참여'의 관점에서 이해하는 태도가 문명의 도래와 함께 완전히 사라진 것은 아니다. 문화마다 다르게 표현되지만 서구 근대가 도래하기 전에는 이런 이해가 전 세계에 걸쳐 대체로 비슷하게 유지되었다. 우리는 초기 문명에 속한 사람들이 우주를 지배하는 힘을 초자연적이고 멀리 있고 따로 구분된 '신'으로 경험하지 않았음을 보게 될 것이다. 그 힘은 내재하는 현존이었으며 당시 사람들은 19세기 샤먼과 마찬가지로 제의와 명상에서 힘을 경험했다. 그것은 만물을 가득 채운

힘, 절대 규정할 수 없는 초월적 신비였다. 고대 중동에서 아카드 말로 '신성(神性)'을 뜻하는 일람(ilam)은 개별적 신을 초월하는 빛나는 권능이었다. 인도에서 궁극적 실재인 브라흐만은 규정할 수 없었다. 브라흐만은 자연에 깃들지만 자연 질서를 통제하지 못하는 신, 즉 데바(deva)보다 깊고 높고 근본적인 성스러운 에너지였다. 중국에서 궁극적 실재는 우주의 근본적 '길'인 도(道)였다. 도는 모든 일반적 범주를 초월하기에 그것에 관해서는 아무 말도 할 수 없었다.

유대교도·기독교도·이슬람교도의 신앙에서 중심을 이루는 단일한 신에 대한 믿음, 즉 일신교는 큰 예외다. 히브리 성경의 맨 첫 부분인 〈창세기〉 제1장에서 하느님은 첫 인간들에게 첫 명령을 내려 그들에게 자연 세계에 대한 전면적 지배권을 부여한다. "자식을 낳고 번성하여 온 땅에 퍼져서 땅을 정복하여라. 바다의 고기와 공중의 새와 땅 위를 돌아다니는 모든 짐승을 부려라!"[4] 우리가 앞으로 고려할 다른 경전들과는 달리 히브리 성경은 자연의 신성에 초점을 맞추지 않는다. 이스라엘 사람들은 자연 세계보다는 인간사에서 신성을 경험했기 때문이다. 종교사가 미르체아 엘리아데(1907~1986년)는 이스라엘인이 역사상 처음으로 역사를 유일무이하고 반복되지 않는 사건들의 연속으로 인식했다고 주장했다.[5] 고대 이집트인이 매년 나일강의 범람이나 해가 뜨고 지는 것을 신성한 사건으로 여긴 반면이스라엘인은 과거의 사건과 현재의 정치적 난제에서 자신들의 신 야훼의 손을 보았다. 그러나 자연의 성스러움은 인간 정신에 깊이 뿌리박혀 있기 때문에 일부 유대교도와 기독교도도그들 나름의 방식으로 그것을 인정하곤 했다. 또 앞으로 보겠지만 이슬람교도는 자연의 성스러움을 신앙의 중심에 두었다.

그러나 근대 초기 유럽에서 자연과 신성의 연결은 끊어지고기독교도는 '하느님'을 세계와 별개로 보기 시작했다. 원래 유럽 기독교도는 중동, 인도, 중국의 민족들과 마찬가지로 성스러운 존재가 어디에나 있는 힘으로서 자연 세계에 가득하여 우주의 이질적인 요소들을 한데 끌어모은다고 생각했다. 도미니크회 신학자 토마스 아퀴나스(1225~1274년)가 그의 최고 저작《신학대전(Summa Theologiae)》에서 설명했듯이 하느님은 초자연적 천국에 한정되지 않고 "만물 어디에나 현존한다." 하느님은 하나의 존재가 아니라 '존재 자체(esse seipsum)'이며, 만물의 핵심에 있는 신성한 본질이다. 하느님은 존재하는 모든 것이다. 아퀴나스는 그렇게 가르쳤다. "하느님은 어디에 존재하든 전체로 존재한다."[6] 그러나 서구에서 신성 개념에 근본적 변화가 생기면서 아퀴나스의 신학은 밀려났다. 14세기에 이르러 파리나 옥스퍼드나 볼로냐의 대학생은 논리학, 수학, 아리스토텔레스 과학을 공부하고 난 뒤에야 신학 공부를 시작했으며, 신학교에 들어갔을 때는 이미 논리적 사고에 아주 익숙했기 때문에 본능적으로 신학적 문제를 합리적인 방식으로 묘사하려 했다. 프란치스코회 철학자 존 던스 스코터스(1265~1308년)는 합리적인, 거의 과학적인 신학을 발전시킨 초기 인물 가운데 하나였다. 그 결과 서구 기독교권 사람들은 하느님을 '존재 자체'라기보다는 그저 또 하나의 존재—우월한 존재이기는 하지만—로 여기기 시작했다. 그리고 오래지 않아 그들은 성스러운 존재에 대한 전통적 이해와 결별한다.

잉글랜드 철학자 프랜시스 베이컨(1561~1626년)은 중세 합리주의자들보다 한 걸음 더 나아가 본질적으로 경험적인 철학을 개척했다. 베이컨은 주장했다. 인간은 자연 현상을 세심하게 경험적으로 조사함으로써 힘을 지배하는 법칙을 발견할 수 있고, 그러면 자연을 자신에게 이롭게 활용할 수 있을 것이다. 베이컨에게는 앎이 힘이었다. 하느님은 아담에게 "온 땅에 퍼져서 땅을 정복"하라는 분명한 지침을 내렸지만 아담의 불복종으로 하느님의 최초 계획은 좌절되었다. 이제 철학자들이 '타락'으로 생긴 피해를 복구하고 인간이 자연을 숭배하는 뿌리 깊은—이교도적—습관과 결별할 때가 왔다. 인간은 하느님이 명령한 대로 땅을 통제하고 정복해야 한다. 자연은 이제 신의 현현, 즉 신성의 계시가 아니다. 활용해야 할 상품이다.

　결국 신학과 과학은 유럽 기독교 세계에서 서로 다른 학문 분야로 여겨지게 되었다. 신학은 신에 대한 연구를 장려한 반면 과학은 땅을 다스리는 자연법칙을 탐사하여 인간의 힘과 진보에 대한 믿음이 중심이 되는 새로운 시대를 열었다. 베이컨이 새로운 과학에 힘을 불어넣고 그것이 나아갈 방향에 대해 영감을 주었다면 수학의 규율을 근대 사고에 적용하여 새 과학의 이론적 기초를 확립한 사람은 프랑스 철학자 르네 데카르트(1596~1650년)였다. 그의 믿음에 따르면 인간은 오직 수학을 통해서만 세계에 관한 정확하고 믿을 만한 정보를 얻을 수 있다. 과학자라면 자신의 정신에서 신성한 계시와 인간의 전통을 모두 없애야 한다. 자신의 감각으로 얻는 증거도 믿지 말아야 한다. 이 또한 기만적일 수 있기 때문이다. 다양한 대상을 보거나 만진다고 생각하지만 사실은 꿈을 꾸고 있는 것일 수도 있다. 철학자는 자신이 안다고 생각하는 모든 것을 밀어내야만 오직 자명한 관념에 기초를 둔 확실성을 얻을 수 있다.

데카르트의 유명한 격언 "나는 생각한다, 고로 나는 존재한다(Cogito, ergo sum)"가, 그의 주장으로는, 유일하게 확실한 사실이며 외부 세계의 어떤 것도 이런 확실성을 제공하지 못한다. 데카르트가 보기에 근대 정신은 의도적으로 자연으로부터 물러났다. 정신은 단독적이고 자율적이어야 하고 스스로 하나의 세계로서 다른 모든 존재와 구별되어 그 영향에서 벗어나 있어야 하기 때문이다. 물질적 우주는 생명이 없고 신이 없고 비활성 상태이기 때문에 자연은 궁극적 실재인 신에 관해 아무것도 말해줄 수 없다. 데카르트의 글에서는 신성한 것에 대한 전통적 관점에 충만했던 경외감을 전혀 찾아볼 수 없다. 사실 그런 공경하는 마음을 흩어버리는 것이 과학의 임무였다. 그의 믿음에 따르면 미래에는 사람들이 구름을 보며 "거기에서 눈에 들어오는 어떤 것에도, 거기에서 내려오는 어떤 것에도 더는 경이감을 느낄 일이 없을 것"이었다.[7] 실제로 자연 현상은 17세기 유럽에 막 등장한 시계, 제분소, 분수 같은 새로운 기계를 닮은 것 같았다. 모두 내적 생명은 없고 그 가치는 순수하게 실용적이었다. 이렇게 자연을 착취할 무대가 마련되었다.

데카르트의 합리주의 에토스는 영국 물리학자이자 철학자 아이작 뉴턴(1642~1727년)의 지지를 받았다. 뉴턴에게도 자연은 이제 성스러운 핵심이 아니었다. 뉴턴은 물질은 생명이 없고 비활성이어서 외부의 힘이 작용하지 않으면 움직이거나 발전할 수 없다고 주장했다. 뉴턴의 신학에서 신은 물리 현상으로 축소되었다. 뉴턴은 〈창세기〉 창조 이야기에서 정복의 기조를 파악하고 신의 본질을 '지배(dominatio)'로 규정했는데, 그는 이 힘을 우주를 통제하는 중력과 동일하게 여겼다. 유럽인이 제국을 세우면서 정치적 함의를 얻게 된 지배(dominion)라는 개념으로 인해 자연은 인간이 활용할 자원으로 격하되었다. 이 신은 그저 인간 과학자의 더 크고 강력한 버전, '역학과 기하학에 아주 능숙'한 '자유 행위자'[8]이기 때문에 초월이란 것은 없었다. 우리가 신이라고 부르는 존재에게는 우주에서 분명하게 규정된 기능이 주어졌으며 신은 우주의 복잡한 설계로부터 합리적으로 추론된 결과물로 여겨졌다. 뉴턴은 경외감이나 신비를 좋아하지 않았다. 그는 짜증을 내며 말했다. "종교 문제에서 늘 신비를 좋아하고 그런 이유로 가장 이해하지 못하는 것을 가장 좋아하는 것은 인류의 뜨겁고 미신적인 부분에 속하는 기질이다."[9] 생전에 영국에서 가장 중요한 신학자라는 찬사를 들었던 뉴턴의 제자 새뮤얼 클라크(1675~1729년)는 하느님과 자연 양쪽에 대단히 환원적인 관점을 드러냈다. "사람들이 자연의 경로나 자연의 힘이라고 부르는 그런 것은 없다. 지속적이고 규칙적이고 변함 없고 균일한 방식으로 어떤 결과를 만들어내는 신의 의지가 있을 뿐이다."[10] 과학자들이 그런 결과에 초점을 맞추고 신이라는 요소를 불필요하다고 보게 되는 것은 이제 시간문제였다.

뉴턴 물리학의 일부는 곧 낡은 것이 되었지만 그의 신학은 서구 사상에 계속 영향력을 행사했다. 사람들이 오늘날 신을 '믿지' 않는다고 주장할 때 그들은 보통 뉴턴의 신, 우주를 설계하고 지배한 '역학적' 창조주를 거부하는 것이다. 그러나 신성에 대한 이런 관점은 근대 서구에만 있다. 전 세계인이 서구의 과학과 기술을 받아들이고 서구식 정부 형태를 채택하고 자연 세계를 이용하는 길에서 서구를 따랐지만, 자연의 신성이라는 관념은 워낙 뿌리가 깊어 다른 종교에서 신성에 대한 서구인의 좁은 인식을 전폭적으로 받아들인 적은 없다. 수많은 비서구인은 여전히 서구인이 지닌 세속적 자연 개념의 함의를 완전히 파악하지 못한다. 그들은 서구 과학이 일을 더 효과적으로 제어하는 데 도움을 줄 수도 있다고 믿지만 이것이 성스러운 것들의 표현 방식, 나아가 '행성 지구'의 미래에 미치는 영향까지 늘 샅샅이 이해하고 있는 것은 아니다.[11]

탄소 배출을 줄이고 과학자들의 경고에 귀를 기울이는 것은 필수적이지만 단지 다르게 행동하는 방법만이 아니라 자연 세계를 다르게 생각하는 방법도 배울 필요가 있다. 우리는 인간이 수천 년에 걸쳐 세심하게 계발해 온 자연에 대한 공경심을 회복해야 한다. 그렇게 하지 못하면 자연환경에 대한 우리의 관심은 피상적인 수준에 그칠 것이다. 이것이 반드시 감당할 수 없는 과제가 되리란 법은 없다. 부주의하고 파괴적인 행동에도 불구하고 우리가 자연에 대한 사랑을 완전히 잃은 것은 아니기 때문이다. 우리 시인들은 여전히 자연 세계의 아름다움과 신비를 찬미하고 데이비드 애튼버러의 자연 다큐멘터리는 계속 엄청난 관객을 모으고 있다. 사람들은 휴가를 맞으면 바다로 몰려가고 주말이면 숲이나 공원을 걷는다. 즐거움을 주는 동시에 원기를 회복시켜주는 자연으로 복귀하는 것이다. 크고 오염된 도시에서도 사람들은 도시라는 사막에서 자연의 작은 오아시스인 정원을 소중하게 여긴다. 우리는 이 행성을 구하는 투쟁에서 아직 남아 있는 자연과 우리의 원초적 연결을 의식적으로 발전시켜야 한다. 이것은 우리의 행복만이 아니라 우리의 인간성에도 꼭 필요한 일이다.

여기에는 상상력과 노력이 요구된다. 단지 그러고 싶을 때뿐만이 아니라 늘 다르게 행동해야 한다. 이런 점에서 과거의 종교적 관행과 규율에서 얻을 것이 많다. 이것은 자연에 대한 심미적 공감 능력을 계발하고 행동과 사고를 이끌 윤리적 강령을 만드는 데 도움을 줄 수 있다. 우리는 늘 인간 본성의 핵심이었지만 지금은 주변으로 밀려난 자연 세계에 대한 공경심을 되살려내야 한다. 일부 환경주의자들은 부족민이 자연과 맺는 심오한 관계에서 영감을 얻어 그들이 우리의 역할 모델이 되어야 한다고 믿는다. 하지만 이것은 너무 큰 야심일 수도 있다. 데이비드 에이브럼과 달리 우리 대부분은 오랜 기간 야생에서 살면서 토착민의 지혜와 비전을 흡수하는 것이 도저히 불가능하다. 또 우리 다수는 일부 헌신적인 환경주의자들과는 달리 매일 자연과 교감하고 야외에서 명상하며 몇 시간씩 보낼 수 없다.

그래도 '축의 시대'(기원전 900년~기원전 200년경) 동안 개발된 통찰과 관행으로부터 많은 것을 배울 수 있다고 믿는다. 그런 이름이 붙은 것은 그 시대가 우리 종의 영적·지적 발전에서 중추적 역할을 했기 때문이다. 당시 세계의 네 지역에서 생겨난 위대한 종교적·철학적 전통은 그후 인류를 양육해 왔다. 중국의 유교와 도교, 인도의 힌두교와 불교, 이스라엘의 유일신교, 그리스의 합리주의. 이 전통 각각은 새로운 종류의 영성을 개척했다. 부족 종교는 심오하기는 하지만 당시 새롭고 복잡한 문명에서 살게 된 많은 사람들은 부족 종교가 더는 유효하지 않다고 느꼈다. 이 새로운 영성들은 서로 차이가 있지만 공통의 에토스를 공유했고, 결정적으로 인간과 자연 세계의 관계를 비슷하게 이해했다. 우리는 이 시기의 심오한 통찰을 완전히 넘어선 적이 없다. 이것은 종교적 교조를 믿는 문제가 아니다. 오늘날의 심각한 난제에 맞서도록 도와주고 나아가 우리의 마음과 정신을 바꾸어줄 수 있는 통찰과 관행을 우리 삶에 통합하는 문제다.

1장

신들이 땅 위를 거닐던 때

미토스와 로고스

환경 논의의 많은 부분은 과학적이다. 우리는 늘 배출이나 입자나 오염 수준이나 오존층에 관해 듣는다. 이런 이야기는 우리에게 핵심 정보를 제공하고 우리는 그런 용어에 익숙해졌다. 하지만 그것이 우리의 감정을 움직이는 않는다. 오늘날 우리는 '신화'라는 말을 약간 막연하게 진실이 아니라는 뜻으로 사용하는 경향이 있다. 신들이 땅 위를 걸어 다니거나 죽은 자가 무덤에서 걸어 나오거나 노예가 된 사람들을 풀어주기 위해 바다가 갈라진다는 말을 들으면 우리는 이런 이야기를 '신화일 뿐'이라고 넘겨버린다. 하지만 과거에 '신화'는 완전히 다른 것을 의미했다.

인간의 역사 거의 전체에 걸쳐 세계에 관해 생각하고 말하고 지식을 얻는 데는 두 가지 방법이 있었다. 미토스(mythos)와 로고스(logos).[1] 둘 다 실재를 파악하는 데 필수적이었다. 이 둘은 서로 대립하는 것이 아니라 진리에 이르는 보완적인 양식이었으며 각각 힘을 발휘하는 전문 영역이 있었다. 미토스는 시간을 초월한다고 여겨지는 것과 관련이 있었다. 생명과 문화의 기원을 돌아보는 동시에 인간 경험의 가장 깊은 차원까지 파고들었다. 실용적인 일이 아니라 의미와 관련이 있었다. 인간은 의미를 찾는 생물이다. 삶에 의미가 사라지면 우리는 아주 쉽게 절망에 빠지는데, 사람들을 더 깊은 진리로 안내하여 영원하고 보편적인 것에 관심을 돌리게 함으로써 소멸 직전의 위태로운 삶을 이해하게 해주는 것이 미토스였다. 우리가 아는 한 고양이는 고양잇과의 조건에 관해 괴로워하지 않고 세계 다른 지역에 있는 고양이의 곤경을 걱정하지 않고 다른 관점에서 삶을 보려고 노력하지 않는다. 그러나 인간은 아주 이른 시기부터 자신의 삶을 다른 배경에 놓아볼 수 있게 해주는 이야기, 삶에 의미와 가치가 있다는—이와 반대되는 그 모든 우울한 증거에 맞서—신념을 주는 이야기를 만들어낼 수밖에 없다고 느꼈다.

신화는 어떤 의미에서는 전에 한 번 일어난 사건이지만 동시에 늘 일어나고 있는 사건이다. 신화는 역사적 사건들의 혼란스러운 흐름 너머, 인간 삶에서 시간을 초월하는 것을 가리킴으로써 우리가 실재의 안정된 핵심을 잠깐이라도 볼 수 있도록 돕는다. 또 신화는 우리가 무의식적 정신이라고 부르는 것에 뿌리를 두고 있다. 신화는 심리학의 고대적 형태다. 사람들은 지하 세계로 내려가고 미로를 헤쳐 나가고 괴물과 싸우는 영웅 이야기를 할 때 잠재의식의 어두운 구역에서 나오는 공포와 욕망을 드러내 보여주고 있었다. 이 구역은 순수하게 논리적인 탐사로는 다가갈 수 없지만 우리의 경험과 행동에 깊은 영향을 준다. 신화는 합리적 증명으로는 전달될 수 없었다. 신화에 담긴 통찰은 예술이나 시의 경우와 마찬가지로 직관적이었다. 더욱이 신화는 의례와 예식으로 구현될 때만 현실이 되었고 이때 참가자들은 삶의 더 깊은 흐름을 포착할 수 있었다. 신화와 제의는 분리가 불가능하기 때문에 어느 것이 먼저냐를 두고 학자들은 논쟁을 벌였다. 영적 관행이 없으면 신화적 이야기는 납득이 되지 않는다. 악보가 악기로 해석되기 전에는 우리 대부분에게 불투명한 상태로 남아 있는 것과 비슷하다.

오늘날 우리는 로고스에 훨씬 친숙한데 이것은 신화적 사고와 사뭇 다르다.[2] 로고스는 미토스와 달리 객관적 사실과 일치한다. 로고스는 전적으로 실용적이다. 이것은 인간이 기능하게 해주는 합리적 사고 양식이자 우리 근대 사회의 기초다. 우리는 무슨 일이 일어나게 하고 싶을 때, 무언가를 얻거나 다른 사람을 설득해 특정한 의견을 채택하게 하고 싶을 때 논리적 힘을 사용한다. 신화가 기원을 돌아보는 반면 로고스는 앞으로 나아가고 새로운 통찰을 계발하고 참신한 것을 만들어낸다. 또 좋든 나쁘든 우리가 자연환경을 더 통제할 수 있도록 돕는다.

하지만 로고스는 미토스와 마찬가지로 한계가 있다. 로고스는 인간 삶의 궁극적 가치에 관한 질문에 답할 수 없다. 우리의 슬픔을 달랠 수 없다. 물리적 우주의 놀랍고 새로운 사실을 드러내고 일이 더 효과적으로 이루어지게 할 수 있지만 삶의 의미를 설명하지는 못한다. 호모 사피엔스는 아주 이른 시기부터 이 점을 본능적으로 이해했다. 새로운 무기와 사냥 기술을 개발할 때는 로고스를 이용했다. 그러나 자칫 자신을 압도할 수도 있는 불가피한 고통과 슬픔을 받아들일 때는 신화와 더불어 신화에 딸린 제의에 의지했다.

근대 이전에는 미토스와 로고스 둘 다 핵심적이라고 여겼지만 18세기에 이르러 유럽인과 미국인은 과학과 기술에서 놀라운 성공을 거두면서 신화를 거짓되고 원시적이라고 깎아내리기 시작했다. 사회는 이제 잉여 농산물에 전적으로 의존하지 않고—이전 모든 문명과는 달리—기술 자원과 자본의 쉼 없는 재투자에 점점 더 의지하게 되었다. 이를 통해 근대 사회는 늘 위태로운 농업에 기초했던 전통 문화의 속박에서 상당히 자유로워졌다. 오랜 근대화 과정은 약 3세기가 걸렸고 심오한 변화를 가져왔다. 산업화, 영국의 농업 혁명, 사회의 정치적 개혁, 신화를 쓸모없고 낡은 것으로 치부하는 지적 '계몽'이 그 결과다. 그러나 신화에서 벗어난 세계는, 운 좋게도 제1세계에 살던 사람에게는 편안했을지 몰라도 프랜시스 베이컨을 비롯한 계몽주의 철학자들이 예언한 지상 낙원이 되지는 못했다.

우리는 신화가 진실이 아니라거나 열등한 사고 양식을 표현한다는 오류에서 벗어나야 한다. 근대 이전 감수성으로 완전히 돌아갈 수는 없어도 우리 조상의 신화를 더 섬세하게 이해하는 것은 가능하다. 신화에는 여전히 배울 게 있기 때문이다. 또 물론 신화라는 말을 사용하든 사용하지 않든 계속 우리 자신의 신화를 창조해야 한다. 20세기에는 살육과 집단 학살이라는 결과를 낳은 매우 파괴적인 신화 몇 가지가 등장했다. 이성만으로는 이런 나쁜 신화에 맞설 수 없다. 에토스로 희석되지 않은 로고스는 깊이 뿌리 내린 공포나 욕망이나 신경증에 대처할 수 없기 때문이다. 우리에게는 우리와 같은 인간, 즉 우리가 속한 인종적·민족적·이데올로기적 부족을 넘어서는 사람들과 우리 자신을 동일시하도록 돕는 좋은 신화가 필요하다. 우리의 유아론적·부족적 자기중심주의에 문제를 제기하고 그것을 넘어서는 동정심의 중요성을 깨닫게 도와주는 좋은 신화가 필요하다. 특히 지구를 다시 신성한 것으로 공경하는 데 도움을 주는 좋은 신화가 필요하다. 우리의 기술적 천재성이 발휘하는 파괴력에 이의를 제기하는 영적 혁명 없이는 우리 행성을 구하지 못할 것이기 때문이다.

과거의 위대한 신화들은 성스러움에 물든 자연 세계를 보여주었다. 하지만 신화는 실천적 행동으로 번역되지 않는 한 의미가 없다. 신화는 단지 주의를 주는 이야기가 아니었다. 그것은 실천에 옮겨져야 했고 따라서 늘 제의가 뒤따랐다. 제의는 신화와 마찬가지로 근대의 실용적 세계에서 자주 오해받는다. 근대 초기에는 심지어 종교적인 사람들도 제의를 구식의 미신이라며 거부했다. 하지만 제의의 예식들은 근대 이전 종교에 불가결한 것이었으며, 영적이기만 한 일이 절대 아니었다. 제의는 몸과 관련되었으며, 몸을 통해 감정과도 관련되었다. 신경물리학자는 우리가 의식적으로 알지 못하는 상태에서 감각이나 몸의 움직임이나 몸짓을 통해 중요한 정보를 받아들이고 전달한다고 말한다.[3] 감정을 자극하는 음악이나 춤이나 드라마를 이용하여 세심하게 만들어진 제의는 먼 과거의 신화적 사건을 극적으로 현재로 옮겨 올 수 있다. 괜찮은 솜씨로 만들면 미적 황홀경을 만들어낼 수도 있고, 그러면 제의 참가자들은 잠시 세속적 자아의 '바깥에 나설' 수 있다. 집중해서 능숙하게 제의에서 주어진 역할을 실연하면 자기를 떠나 역설적으로 자기 고양에 이를 수 있다. 우리는 예술을 통해 실존의 더 강렬한 형태를 경험하며 더 크고 더 중요하고 완전한 것의 일부가 되었다고 느끼게 된다.[4] 신화가 행동으로 옮겨질 때만 우리는 그 타당성과 의미를 발견할 수 있다.

우리가 이 책에서 살펴볼 우리 조상의 신화 가운데 다수는 자연환경을 공경하는 법을 가르쳤다. 근대의 환경 담론과 달리 자연은 과학이 아니라 상상력에 바탕을 두고 미적으로 제시되고 경험되었으며 여기에는 감정과 몸이 관련되었다. 다음 장에서는 자연이 성스러운 존재로 채워졌다고 본다는 점에서는 세계의 여러 문화가 놀랄 만큼 비슷하다는 사실을 알게 될 것이다. 아마도 이런 관점은 인간 정신의 구조에 내재해 있을 것이다. 그러나 종교적 예식은 단지 심미적 행위만이 아니었다. 그것은 실천적 약속과 응답을 요구했다. 우리는 이런 제의가 공을 들이는 노력이었음을 보게 될 것이다. 제의는 시간을 써야 하고 부담스러웠다. 말 그대로 희생이 포함되었다. 제의는 우리 세계의 지속 가능성에 깊은 불안을 나타낼 뿐 아니라 참가자들에게 큰 요구를 했다. 참가자들은 단지 자연의 신성을 기릴 뿐 아니라 자신을 개혁해야―자신의 에고를 초월하여 모든 동료 인간들에게 손을 뻗어야―했다. 오늘날 우리도 이 행성에 헌신하려면 이곳의 모든 것과 모든 사람에게 헌신하는 것이 필요하다는 것을 깨달아야 한다. 이런 인식은 인류의 첫 출발점까지 거슬러 올라간다.

앞으로 나아갈 길

우리의 첫 번째 과제는 신화의 가치를 평가하고 신화의 작동 방식을 이해하는 것이다. 그러려면 우리가 이미 가정하고 있는 많은 것을 재평가해야 한다. 이제 신화를 매력적인 이야기라고 생각하지 말고 신화의 더 깊은 의미와 신화가 지적·실천적으로 우리에게 무엇을 요구하는지 발견해야 한다. 다음 장에서는 근대의 로고스와 일치하지 않기에 지금 우리에게는 낯선 자연 개념을 보게 될 것이다. 그러나 그것을 단순히 허구라거나 잘못이라고 내치는 게 아니라 그 자연 개념이 어떤 종류의 진리를 전달하고자 했는지 발견하려고 노력할 것이다. 왜 그런 관념이 전 세계 사람들의 정신과 마음에 그렇게 확고하게 뿌리내리게 되었을까? 신화는 과학 이론과는 거의 관계가 없다 해도 영속적 가치가 있는 진리를 표현할 수 있다. 그렇다면 오늘날 우리의 사고에서도 신화는 자기 자리를 찾아야 한다.

신화는 사람들이 이성의 시대에 이르면 내던져도 되는 열등한 탐구 방법이 아니다. 신화는 역사 기록의 초기 형태가 아니며, 스스로 객관적 진리라고 주장하지 않는다. 신화는 우리가 새로운 가능성을 깨닫는 데 도움을 준다. 예술에서 우리는 로고스의 속박에서 벗어나 삶을 풍요롭게 하고 우리에게 뭔가 중요한 것을 이야기해주며 또 우리 세계를 어지럽히는 문제들에 대해 신선한 통찰을 주는 새로운 표현 형식을 떠올리고 결합한다. 신화도 이런 효과가 있기 때문에 진리다. 우리가 살펴볼 신화가 수백 년 지속된 것은 사람들이 그것을 행동에 옮길 때 '효과'가 있었기 때문이다. 신화는 기본적으로 안내자다. 더 효과적으로 풍부하게 살기 위해 우리가 무엇을 해야 하는지 말해준다. 자연에 관한 고대 신화는 자연 세계에 감추어진 실재를 묘사하고 우리 환경 안에서 효과적으로 또 안전하게 살려는 시도였다.

이어지는 각 장은 과거에 사람들이 자연을 경험한 방식에서 핵심적인 관념과 태도와 실천을 탐사한다. 각 장은 우리가 우리 내부에서 자연 세계를 향한 새로운 태도를 형성하거나 재발견하도록, 또 그것을 바탕 삼아 환경에 대한 우리의 영적 헌신을 강화하도록 돕는 초석을 제공한다. 자원 재활용과 정치적 항의로는 충분치 않다. 각 장 마지막에서 우리는 특정한 이상을 일상의 삶으로 옮길 수 있는 방법을—실천, 창조, 효과의 측면에서—자문해볼 것이다. 각 신화는 우리에게 무언가를 요구하며 우리는 그것을 실천으로 옮길 수단을 찾아내야 한다. 하나의 신화는 사람마다 각기 다른 것을 의미하고 또 각자에게 다른 것을 요구한다. 우리는 각각의 신화가 우리에게 개인적으로 무엇을 요구하는지 찾아내야 한다.

2장

"만물이 내 안에 있다"

성스러운 자연

17세기에 예수회 선교사들은 유럽의 새로운 과학을 중국에 가져갔다. 중국 지식인은 천체들의 상대적 위치, 금성의 상(相), 제10천(天)의 존재 같은 관념들—처음에 유럽 사람들을 상당히 놀라게 했던 관념들—을 생각해보며 흥미를 느끼고 매우 즐거워했다. 그러나 그들은 신이 우주의 외곽에 있는 열 번째 '조용한' 하늘에 갇혀 있다는 관념에 혼란을 느꼈다. 예수회 수사들이 '창조의 주'라고 부르는 신이 왜 자신이 창조한 우주의 아주 작은 구역에 갇힌 채 만족한단 말인가? 유학자 방이지(方以智, 1611~1671년)는 서양은 "물질 연구는 상세하게 파고들지만", "생산적인 힘(기氣)을 파악하는"* 데는 부족하다고 결론을 내렸다. 방이지가 말하는 기는 존재의 본질—중국인이 "알 수 없다"고 여기던 힘, "서로 결합해 있는 여러 겹의 심원한 신비"—을 가리킨다. 방이지는 예수회 수사는 궁극적인 것에 관해 말할 때 언어에 한계가 있다는 것을 이해하지 못한다고 결론 내렸다. "그들이 전하고자 하는 바가 말의 방해를 받는 일이 많다."[1] 방이지의 믿음에 따르면, 궁극적 실재와 마주할 때 그것은 말의 개념이 닿지 않는 곳에 놓여 있기 때문에 인간은 입을 다물 수밖에 없다.

기는 서양의 관념에 이의를 제기했다. 지금도 마찬가지다. 기는 기본적인 '것' 또는 우주의 본질이며 완전히 정신적인 것도 아니고 완전히 물질적인 것도 아니다. 따라서 우리가 구분하는 모든 일반적 범주 바깥에 놓인다. 기는 말로 표현할 수 없다. 우리가 정의하거나 묘사할 수 없는 것이기 때문이다. 기는 신도 아니고 어떤 존재도 아니다. 기는 모든 생명에 스며 있는 에너지로서 식물 세계, 동물 세계, 인간 세계, 신의 세계를 조화롭게 연결하고 그 모두가 잠재력을 완전히 펼치게 해준다. 17세기 예수회 수사가 인간 세계와 신의 세계 사이의 간극을 보면서 하느님이 별도의 제10천에서 인간을 자비롭게 살피고 있다고 생각한 반면 중국인은 연속성을 보았다. 하늘, 땅, 인간은

---

* 이것은 방이지의 질측통기(質測通幾)를 영어로 번역한 표현으로, 저자는 幾(ji)를 氣(gi)와 같은 것으로 받아들이고 있다.

함께 연속체를 이루었다. 이것들은 유기적이고 전체적이고 역동적인 3요소였다. 유학자 투웨이밍(杜維明, 1940년~)은 이런 통합적 관계를 인간 우주적(anthropocosmic)이라고 묘사했다. 인간과 우주는 똑같은 실재를 공유하기 때문에 둘은 나눌 수 없다는 것이다.[2]

따라서 중국에서 우리는 서양과는 매우 다른 세계관을 만난다. 우주는 만유(萬有)를 구성하고 만유를 연결하는 생명력에 의해 움직이는 끊임없는 흐름이다. 기원전 4세기에 나온 시는 기를 이렇게 설명한다.

> 만유의 생명의 본질이며
> 모든 것에 생명을 준다.
> 아래로는 다섯 곡물을 길러내고
> 위로는 별자리에 자리 잡은 별이 된다.
> 하늘과 땅 사이에서 흐를 때
> 우리는 기를 신 같고 신비하다 한다.
> 인간의 가슴 속에 담길 때
> 우리는 기를 성인(聖人)이라 한다.[3]*

---

* 중국 고전 번역은 저자의 이해 방식을 존중하여 한문 원문보다는 이 책의 영어 번역본을 따랐다.

유교의 성인, 즉 완전한 인간은 인간적 영역, 신적 영역, 자연적 영역과 완전히 통합되어 있다. 근대 서양에서는 성스러운 존재를 인간적인 것과 분리하고 종교적인 것을 세속적인 것과 분리하는 경향이 있었던 반면 유가(儒家)는 자신을 피조물이 아니라 우주의 공동 창조자로 여긴다. 따라서 하늘에 머무는 신을 생각하면서 전적으로 '영적인' 삶을 계발하는 것이 아니라 반대로 자신과 같은 존재에 관심을 기울이고 사회의 요구에 반응하고 자연 세계나 우주와 깊이 조화를 이루어야 하는데, 그 모두가 인류와 연속체를 이루고 있다.

중국 종교 전통은 창조 이야기가 없다는 점에서 독특하다고 할 수도 있다. 당연히 그들에게는 창조자 신이 없다. 기 안에서 대립하는 두 요소인 음과 양이 연속적인 변화의 과정에서 창조적으로 상호작용하여 우주의 물질적 요소―바위, 산, 강, 식물, 동물, 인간―를 만들어내고 유지한다. 따라서 중국에서 인간은 특권이 있는 것도 아니고 독특하지도 않았다. 만물, 즉 자연의 '무수히 많은 것'과 더불어 '우주와 한몸'을 이루었다. 이런 생각은 지금도 대중문화나 고급문화 양쪽에서 널리 받아들여지며 이것이 진정한 중국의 세계관이라고 말할 수 있다.

그래서 중국 철학자 맹자(기원전 372년~기원전 289년)는 공자가 기원전 6세기에 처음 선언한 '황금률' — "자신이 원치 않는 것을 남에게 강요하지 마라"[4] — 이 같은 인간만이 아니라 우리와 뗄 수 없이 연결된 만물에도 적용된다고 주장했다.

만물이 여기 내 안에 있다. 나를 살펴 내가 나에게 진실하다는 것을 아는 것보다 큰 기쁨은 없다. 최선을 다해 남에게 대접받고 싶은 대로 남을 대접하라. 그러면 이것이 인간다움(인仁)에 이르는 가장 빠른 길임을 알게 될 것이다.[5]

우리는 만물에서 아름다움을 보며, 나무나 산이나 강을 묘사하려 할 때 물리적 외양에서 그 핵심에 있는 영적 활력으로, 거기서 다시 만물에 스며 있는 기로 옮겨 간다. 따라서 우리는 만물, 자연의 모든 '것'을 우리가 대접받고 싶은 대로 대접해야 한다. 우리도 그들과 같은 활력을 공유하고 있기 때문이다.

맹자는 세련된 철학자였지만, 기원전 4세기에 도교를 세운 노자는 자신을, '영리하다'고 여겨지는 사람들이 서툴고 어둡고 투박하다며 밀어낸 외부자라고 묘사했다. 그러나 노자는 자신이 '절대적인 것', 즉 존재 전체의 감추어진 뿌리와 만나는 황홀한 경험을 했다고 주장했다. 귀족적 향신에 뿌리를 둔 유교와 달리 도교는 중국 남부의 토착 부족 문화에 뿌리를 두고 있었다. 그곳은 거친 늪과 강과 숲과 산이 많은 지역이었고 이곳에 사는 민족들은 중국 문명에 참여하지 않았다. 그러나 노자 자신은 송나라 근처에서 태어났는데 그곳은 상 왕조 후손의 본거지였다. 이 왕조는 기원전 1045년까지 중국을 다스렸고 패배 후에 그곳에 정착했다. 그들은 오랜 샤머니즘 문화를 보존하고 있었다. 고대 중국 신화를 모은 자료집인 《산해경(山海經)》에는 부족민의 숭배를 받았지만 우리가 아는 현실과는 관계가 없는 신성한 새의 묘사가 나온다. 그 새는 다리가 여섯에 날개가 넷이고 눈이나 얼굴은 없지만 전통적으로 샤머니즘 예배의 한 부분을 이루던 노래와 춤에 아주 뛰어났다고 한다. 노자나 그와 비슷한 시대에 살았던 도교 철학자 장자(기원전 369년~기원전 286년)는 이런 부족 영성에 감화되었지만 중국 사회의 교양 있는 구성원들은 이제 샤먼의 비전을 완전히 공유할 수 없었다.

노자는 오래된 도(道), 즉 송나라 사람들을 비롯한 초기 중국인이 숭배했을지도 모르는 자연의 성스러운 원리를 되살려냈다. 그러나 노자는 점점 수준이 높아지는 도시 문명의 산물이었기에 이 개념을 철학적으로 발전시켰다. 《도덕경(道德經)》의 수수께끼 같은 운문에서 도는 말로 표현할 수 없고 알 수도

---

* 《산해경》에 나오는 이 기묘한 존재는 혼돈의 신으로서 '제강(帝江)'이라 한다. 고대 중국인들에게 혼돈은 세상 만물을 창조하는 힘의 근원이었다. 한편 《장자》에는 제강과 똑같은 존재가 '혼돈(渾沌 또는 混沌)'이라는 이름으로 등장한다.

없는 존재의 원천이 되며, 이는 실존하는 모든 '것'을 지금 이 상태로 또 마땅히 되어야 할 상태로 만드는 성스러운 '힘'인 덕(德)으로 표현된다. 노자는 직관적이고 명상적인 정신 상태에서 세속적 실존의 핵심에 있는 역동적이고 성스러운 힘을 보았으며 이 비전을 《도덕경》에서 의도적으로 수수께끼처럼 만든 운문으로 묘사했다. 《도덕경》은 기원전 4세기에 중국에 처음 나타나자마자 충격을 주었다. 독자들이 오래된 귀중한 통찰을 알아보고 그것을 재발견하려고 열심이었다는 인상을 받게 된다.

> 말로 할 수 있는 도는 불변의 도가 아니다.
> 이름 지을 수 있는 이름은 불변의 이름이 아니다.
> 이름 없는 것이 하늘과 땅의 시초였다.
> 이름 지어진 것이 무수히 많은 피조물(만물)의 어머니였다.[6]

도는 기와 마찬가지로 말들이 닿는 범위 너머에 있다. 그러나 우리가 우리 정신의 더 깊은 영역으로 들어갈 수 있으면 말로 표현할 수 없는 존재의 핵심, "신비 위의 신비"를 향해 신비한 하강을 시작할 수 있다. 노자는 우리가 도를 "어두운 것", "여러 겹의 비밀로 들어가는 관문"이라고 불러야 한다고 주장한다. 도는 드러내는 것보다 감추는 것이 많기 때문이다.[7] 따라서 노자는 도를 정의하는 대신 하나의 과정으로 묘사했다. 진정한 실재를 발견하기 위해 우리가 따라가야 하는 '길'인 셈이다. 영원히 감추어져 있고 끝내 손에 잡히지 않는 도는 생각과 논리 너머에 있다. 순수하게 합리적으로 표현하자면 그것은 '아닌 것(無)'에 불과하다. 하지만 우리의 인식 방식을 세심하게 바꾸면 그것이 실재를 잉태하고 있음을 볼 수 있다.

도는 밖으로 뻗으며, 숭고한 미지의 것으로부터 무한히 방출되어 마침내 단계적으로 우리 세계가 생겨나게 한다.[8] 노자는 그렇게 설명하는데, 중요한 점은, 역설적이기는 하지만 노자가 이 과정을 '복귀'로 묘사한다는 것이다.

돌아가는 것이 도가 움직이는 방식이다.
약함이 도가 사용하는 수단이다. 세상의 수많은 피조물은 어떤 것으로부터 태어나며, 어떤 것은 아닌 것으로부터 태어난다.[9]

만물이 이 성스러운 원천에 기원을 두고 있으며 늘 그곳으로 돌아간다. 노자는 그렇게 설명한다. 따라서 우리가 알거나 보는 어떤 것도 안정적이지 않다. 굳건하고 확고해 보이는 모든 것이 움직이고 있고 우리 세계의 말로 표현할 수 없는 원천으로부터 나와 다시 돌아가는 영원한 순환을 하고 있다. 유일하게 영원한 힘은 도 자체다.

노자는 도를 '만물의 곡창'이라고 부른다.[10) 도는 말하자면 만물이 가능태로 기다리고 있는 곳인데 이들은 3단계 과정을 거쳐 우리 세계에서 물리적으로 표현된다.

도가 하나를 낳는다. 하나가 둘을 낳는다. 둘이 셋을 낳고, 셋이 수많은 피조물을 낳는다.[11)

도는 먼 곳에서 자비롭게 자신의 창조물을 굽어보는 만물의 '창조자'가 아니다. 오히려 도는 만물의 '어머니'이며 둘은 분리할 수 없다. 실제로 우리는 둘을 구별할 수 없다.

세상에는 원천이 있다. 세상의 어머니다.
어머니가 있으면
　　자식을 알게 된다.
자식을 알면,
　　어머니에게로 돌아가라.[12)

천지 ― 우리가 사는 물질세계로 이루어진 우주 ― 와 만물은 도 자체의 진화에서 단지 단계들에 불과하다. 도는 모든 것을 함께 묶고 세상이 생산하게 만들고 계속 존재하게 해주는 특별한 힘이다. 실존하는 모든 것 하나하나가 지금 이러한 것은 도의 창조적 활동으로 활력을 얻기 때문이다.

그러나 도는 침략적이고 이질적이고 통제하는 힘이 아니다. 오히려 만물이 바로 도다. 따라서 도는 각 피조물의 덕('본성') 이다. 그 정체성이고, 만물이 진정으로 그것이게 하는 힘이다. 따라서 세상의 모든 '것' ― 동물·식물·광물 ― 하나하나는 나름의 고유한 방식으로 도가 처음 낳은 그 '하나'를 체현한다. 그러나 이'것'들은 자기중심적이지 않다. 각자의 환경 속에서 자신을 표현하면서도 그 근처 다른 모든 것의 덕과 조화롭게 상호작용한다. 스튜의 모든 재료가 함께 섞여 서로를 높여주는 것과 비슷하다.

명령으로 세상이 존재하게 하는 히브리 성서의 전능한 창조주와 달리, 노자에 따르면, 도는 약하다. 창조는 힘과 지배의 행동이 아니다. 도는 형체가 없이 만물을 통과하여 흐르며 각 피조물에게 자신을 내주어 그것이 번창하게 한다. "약해지는 것이 도가 일하는 방식이다."[13] 노자는 그렇게 말한다. 만물은 일단 땅에 자리를 잡으면 한동안 번창하지만 결국 그 '하나'의 풍요로운 어둠으로 '돌아가기' 시작한다. 이것이 스스로 샤먼의 예지력을 계발했던 노자가 관찰할 수 있었던 과정이다.

> 수많은 피조물이 모두 함께 일어나고
> 나는 그것들의 복귀를 지켜본다.
> 바글거리는 피조물이
> 모두 각자의 뿌리로 돌아간다.
> 자기 뿌리로 돌아가는 것은 고요라고 알려져 있다.[14]

따라서 만물이 누리는 정(靜, '고요')은 자신의 원천으로 돌아가는 것이다. 이것은 봄에 무성하게 자라나 꽃을 피우고 열매를 맺지만 겨울이면 에너지를 뿌리로 내려보내는 식물의 계절 순환에 비길 수 있다. 따라서 정은 죽음의 고요가 아니다. 다시 생명으로 솟아오르는 도의 활력과 융합된 고요다. 따라서 도의 창조적 에너지는 순환적이며, 영원한 복귀로 자신을 드러낸다.

각각의 '것'이 고유한 방식으로 도의 활동을 반영하지만 얄궂게도 인간—도의 가장 완벽한 체현이 되어야 마땅하다—은 자기중심주의로 자신의 성스러운 정체성을 저지하거나 왜곡할 정신적 능력이 있는 유일한 피조물이다. 그렇다면 우리는 만물이 실제로 존재하는 방식에 대한 통찰을 어떻게 얻을까? 장자는 자연에서 도를 관찰하라고 제안한다. 노자는 도를 우리 내부에서 발견할 수 있는 순환적 과정으로 제시하지만 장자는 도를 묘사하는 데는 관심이 없다. 도는 결국 말로 표현할 수 없기 때문이다. 그는 독자에게 이 신비한 통찰을 얻는 방법을 보여주고 싶었다. 먼저 '자기'를 놓아야 한다. 우리가 소멸 직전에 있는 우리의 약한 정체성을 보전하고 북돋으려는—소용없는 일이다—노력을 중단할 때 비로소 만유—우리 자신을 포함하여—가 도의 무한한 자기표현에서 그저 지나가는 순간에 불과함을 깨닫게 될 것이다. 도가 끊임없이 오고 가는 것은 특히 자연에서 분명하게 나타나기 때문에 장자는 우리가 자연 세계에 아주 강렬하게 관심을 집중하여 우리 자신을 '잊고' 그럼으로써 초월을 경험할 것을 촉구한다.

장자는 겉으로 보기에 단조로운 일을 하는 평범한 개인이 자연 세계에 잠겨 들어 엑스타시스(ekstasis, '망아 상태')를 성취한 예를 자주 소개한다. 장자는 유교를 좋아하지 않았지만 종종 짓궂게도 (다음 이야기에서처럼) 공자를 자신의 대변인으로 이용한다. 어느 날 공자가 숲속을 돌아다니다 꼽추가 놀랄 만큼 쉽게 매미를 잡는 모습을 보았다. "무슨 비결이라도 있습니까?" 공자가 물었다. 꼽추가 대답했다.

마른 나무줄기처럼 몸을 뻣뻣하게 굳힌 다음 팔을 오래되고 메마른 가지처럼 씁니다. 하늘과 땅이 아무리 크고 만물이 아무리 많아도 나는 매미 날개만 의식합니다. 흔들리지 않고 기울지도 않고, 만물 가운데 다른 어떤 것도 매미 날개를 대신하지 못하게 하지요. 이러니 성공하지 못할 수가 있겠습니까?[15]

이 꼽추는 세속적 자기를 떠났다. 자연에 있는 '것'에 아주 강렬하게 집중하여 어떤 식으로인가 기를 느낀 것이다. 그는 먼 하늘에 있는 초자연적 신을 찾지 않았다. 자연 세계를 관장하는 신비하고 말로 표현할 수 없는 힘과 일치를 이루었다. 도가는 '자기'를 잊음으로써 만물이 진정으로 존재하는 방식과 하나가 되며, 생명 형태가 겉만 보면 모순된 것처럼 보이나 실은 신비한 통일을 이루고 있음을 깨닫는다. 이것은 황홀경에 빠져 환희를 느끼는 경험이 아니다. 또 늘 외로운 탐구도 아니다. 장자는 말한다. 도가는 고요한 경외감에 사로잡혀 삶의 해결할 수 없는 신비를 함께 토론할 때 그저 "서로 보며 웃음을 지을 뿐이었다. 그들은 마음에 불일치가 없어 친구가 되었다."[16] 도는 우리 안에 있기 때문에 학구적인 담론이 필요하지 않다. 그냥 에고를 버리고 자신을 성스러운 자연과 일치시키면 된다. 성인은 자신의 의견에 매달려 다툼을 벌이는 대신 대립물이 통일되는 세계관, 우리가 우반구 세계관이라고 부를 수도 있는 것을 발전시켜 도의 초월적 비전을 얻을 수 있다.

도와 기는 둘 다 서양의 신과 매우 다르다. 오히려 토마스 아퀴나스가 '존재 자체'라고 부른 것과 가까운데, 한때 인간 대부분은 이런 식으로 신성을 인식했던 것으로 보인다. 인도에서도 물론 마찬가지였다. 기원전 1500년경 펀자브에 도달한 아리아인 유목민은 브라만 사제, 귀족 전사 크샤트리아, 그들을 섬기는 '평민' 바이샤 등 세 계급으로 이루어진 분절사회*였다. 인도아리아인은 무자비한 갈등에 시달리고 늘 가뭄과 기근의 위협 때문에 괴로웠지만 자연 세계를 아름다움과 경이가 있는 곳으로, 그들이 '빛나는 존재' 즉 '데바'**라고 부르는 감추어진 신성한 힘이 머무는 곳으로 경험했다.

이런 비전은 합리적 사상가가 아니라 시인─리시*** 즉 '보는 자'─이 드러내주었다. 제의에서 성가로 사용되는 리시의 운문에서 느껴지는 아름다움에 청중은 충격을 받고 경이와 기

분절사회(分節社會, segmented society) 한 나라 안에 인종, 민족, 언어, 종교, 계급, 이데올로기 따위의 다양성이 있고 그로 인해 나라가 복수의 집단으로 나뉜 경우를 분절사회 또는 다극사회라고 한다.

쁨의 상태로 들어가면서 자신도 신성한 힘과 만나고 있다고 느꼈다.[17] 리시는 나중에 요가 기법의 핵심을 이루는 정신적 각성 상태를 성취한 것으로 보인다. 그들은 세상을 열심히 관찰하고 묵상하면 자연이 신성으로 가득한 것처럼 보이게 된다는 것을 알았다. 리시의 믿음에 따르면, 그들은 '땅', '하늘', 데바가 머무는 '천국'으로 이루어진 세 층의 우주에서 산다. 리시는 별에서 여신 라트리, 즉 '밤'의 빛나는 눈을 본다.[18] 강은 반짝이고 재잘거리면서 늘 흐르는 물과 풍요의 신 사라스바티를 드러내는데, 그녀는 생명과 번영을 가져다준다. 번개는 전쟁의 신 인드라의 벼락이다. 바람은 "자신을 막는 것을 박살내 천둥소리를 내며 지나가는" 바람과 대기의 신 바타다.[19] 새벽의 신 우샤스는 남편에게 몸을 보이는 아내처럼 매일 아침 자신의 아름다움을 드러낸다.[20]

리시는 자신의 시적 힘이 환각을 일으키는 식물인 소마에서 나온다고 여겼는데 그들은 소마를 통해 사물의 겉면을 뚫고 각 사물 하나하나에서 데바를 볼 수 있었다. 그때 자연은 살아 있었고 신성한 것으로 가득했다. 리시는 자신들이 계발한 능력을 디(dhi, '통찰')라고 불렀으며, 이것이 그들에게 세속적 의식과 관계가 없는 앎(베다)을 주었다. 리시의 시는 그들이 일련의

데바(deva) 베다 시대(기원전 1500년~기원전 500년) 아리아인의 천신(天神). 데바는 영원불멸하는 존재였으나 전지전능한 신은 아니었다.
리시(rishi) 산스크리트어로 '선각자'라는 뜻이며 현자, 신비주의자를 가리키기도 한다.

'정지 화면'—분명한 신학적 메시지가 없는 정적이고 서로 연결되지 않은 이미지들—에서 순간적으로 자신을 찾아오는 데바를 보았음을 암시한다.[21] 또 그들은 우주의 질서를 형성했고 지금도 그 안 깊은 곳에 거하는 성스러운 '말' 즉 바크*도 들었다.

리시는 이 모든 신성한 힘들이 그들이 르타(rta)라고 부르는, 어디에나 존재하는 신비한 힘에 근거한다고 결론을 내렸다. 르타는 고대 힌두교 텍스트 '베다'에서 가장 중요한 개념으로 꼽힌다. 르타는 "활동적이고 창조적인 진리" 또는 "모든 것이 진실로 존재하는 방식"이라고 이해할 수 있다.[22] 기나 도와 마찬가지로 르타는 신이 아니라 성스럽고 비인격적이고 활력을 주는 힘이다. 르타를 묘사하거나 정의하는 것은 불가능하지만, 그 자체로부터 점점 넓게 흘러 나가 우주와 인간과 신들까지 이루어내는 숭고한 전체로서 경험할 수는 있다. 역사 대부분의 기간에 세계 여러 지역 사람들이 놀랄 만큼 비슷하게 이런 성스러운 실재 개념을 발전시켰다는 사실은 그것이 인간 정신에 박혀 있는 원형적 개념일 수도 있음을 보여준다.[23]

리시는 과학적 로고스보다는 미토스로 우주에 대한 자신의 비전을 표현했다. 리시는 시에서 데바가 르타의 원초적 힘으로부터 나타나 세 층의 우주를 창조하고 그 우주가 독자적으로

바크(vac) 제의를 거행하며 신을 부르는 소리를 바크라 했는데 신의 소리로 여겨 신성시되었다.

살아갈 수 있게 했다고 설명했다. 가령 비의 신 미트라와 물의 신 바루나는 우주의 크기를 쟀고 천국에 떠오르는 해를 두었으며 땅이 비옥해지도록 물을 생산했다. 르타는 '존재의 기교'라고 번역할 수 있으며 영어에서 조화(harmony)와 예술(art)이라는 단어의 인도아리아어 뿌리가 된다. 르타의 생산물인 데바는 예술가였으며 상상을 통해 창조라는 막대한 임무를 수행했다. 우선 데바는 실제로 존재하지 않는 현실의 그림을 마음에 그렸다. 그런 다음 이 정신적 이미지를 자신이 만들어내고 있는 물리적 세계에 투사하는 놀라운 업적을 이룩했다. 리시는 이 기적적인 과정을 마야(maya)라고 불렀다. 데바는 정신의 힘으로 자신의 정신적 관념을 물질적 대상—구름, 풀, 산, 나무—으로 옮기고 그것들을 우리의 물리적 세계에 미적으로 배치할 수 있었다.[24]

그러나 데바들은 세상을 창조하고 조직한 뒤 천국으로 돌아가지 않았다. 그들은 자기들이 생겨나게 한 자연 현상에 거처를 잡고 그 안에서 영원히 살았다.[25] 따라서 모든 새, 동물, 꽃 하나하나가 자신을 창조한 신성의 구현이었으며 세상 모든 것이 성스러운 핵심이었다. 데바들은 멀리서 사물을 향해 빛을 발하기만 하는 대신 "자신의 감추어진 본성을 통해 이 세상에 들어와" 세속적인 것에 박혀 있는 상태를 유지했다.[26] 근대 서양에서는 분석적 세계관을 세심하게 발전시켰는데 이 세계관은 물질적인 것을 심리적인 것이나 영적인 것과 구분한다. 그러나 아리아인에게는 전체론적 비전이 있었다. 그들은 자연 속에서 르타의 현존을 미적으로 인식하고 있었다. 따라서 신성한 것은 천국의 '먼 바다와 하늘'에 한정되지 않았다. 실재 전체에 스며 있었다. 어떤 것도 순수하게 물질적이지 않았으며 인간을 포함한 모든 것에 성스러운 힘이 가득했고 '예술적으로' 함께 어우러져 있었다.[27]

그러나 기원전 6세기 무렵이 되자 아리아인은 궁극적 실재를 재규정했다. 그들은 그것을 브라흐만이라고 불렀다. 르타는 우주에 충만하게 스며 있는 존재의 영원한 원리였던 반면 브라흐만은 모든 실재의 근거, 만물이 의존하는 '있음'이었다. 이런 발전은 베단타(베다의 끝)라고 부르는 새로운 영성의 일부로 이루어졌는데, 베단타는 고대 의례의 핵심적 목적을 드러내고자 했다. 초기 리시가 하나의 신성한 실재의 다양한 측면으로 신을 시적으로 묘사한 반면, 베단타 사제들은 이제 이런 통찰을 철학적으로 표현했다. 브라흐만은 전 우주에 하나뿐인 성스러운 아트만('자아')이었다.[28] 그것은 "손톱 끝에 이르기까지" 만물과 만인에게 스며 있었다.[29] 그것은 "모든 존재 하나하나 안에 살고 있다. 하나의 형태지만, [하나의] 달이 연못[의 많은 물결]에 [비친 모습]처럼 보여 여러 형태이기도 하다."[30] 인도인은 그 후로 절대 이 통찰을 버리지 않는다. 근대 서양에서는 신을 천국에 가두지만 인도인들은 계속 전 세계 어디에나 성스러운 존재가 있다고 강조한다. 훗날 최고의 실재를 인격화하여 시바, 비슈누, '신성한 어머니'라고 부를 때도 마찬가지였다.[31]

나아가 베단타 사제들은 이제 자연뿐만 아니라 자기 내부에서 브라흐만을 경험하려 했다.[32] 궁극적 실재—르타든 브라흐만이든—가 자연 세계뿐만 아니라 인간 자아의 성스러운 핵심에도 스며 있음을 깨닫기 시작했으며 제자들에게 이것을 인식하라고 가르쳤다. 각 인간은 아트만의 독특한 표현이다. 현자 사나트쿠마라는 베다의 앎이 텍스트뿐만 아니라 복잡한 제의와 윤리적 토론에도 숙달할 것을 요구한다고 주장했다. 또 "통치의 과학, 천체의 과학, 뱀들의 과학"이 필수적이며, "하늘, 땅, 바람, 공간, 물, 불, 신, 인간, 가축, 새, 풀, 나무, 야생 동물에서 벌레, 나방, 개미의 과학에 이르기까지" 모든 게 필수적이다.[33] 이런 존재들은 비활성이 아니다. 그들 모두에게 브라흐만이 스며 있으며 인간과 마찬가지로 그들 존재의 핵심에서 궁극적 실재를 비추고, 따라서 쉼 없이 그 실재로 돌아간다. "땅은 어떤 의미에서는 깊게 비추고 있다. 중간 지역은 어떤 의미에서는 깊게 비추고 있다. 하늘은 어떤 의미에서는 깊게 비추고 있다. 물은 어떤 의미에서는 깊게 비추고 있다. 산은 어떤 의미에서는 깊게 비추고 있다. 신과 인간은 깊게 비추고 있다."[34]

인도는 성스러운 존재의 의미는 시·음악·제의를 통해 미학적인 방식으로 가장 잘 배울 수 있음을 일깨워준다. 이런 고대의 통찰을 합리적으로 증명하려는 시도는 의미 없다. 장폴 사르트르가 설명한 대로 그런 통찰은 상상력과 더불어 겉으로 보이지 않는 것을 보는 능력을 요구하기 때문이다.[35] 궁극적 실재―브라흐만이든 르타든 도(道)든 또는 정말로 '하느님'이든―는 우리가 보통 경험하는 어떤 것과도 다르게 존재한다. 그것은 암시적이고 감정을 자극하는 예술로만 직관할 수 있다.

인류의 종교적 충동은 자연의 성스러움과 깊이 연결되어 있기 때문에 원래는 인간이 괴로움으로부터 해방될 수 있는 자기 성찰 방법에 초점을 맞추었던 불교 같은 종교적 전통도 결국 자연에 의지했다. 대승 불교는 중국에 전래되었을 때 부닷타(불성佛性)―'붓다의 본성' 또는 성불하여 '깨달음'에 이를 수 있는 잠재력―가 인간에 한정되는 것이 아니라 식물이나 바위나 나무나 풀잎에도 내재해 있다고 주장했다. 서기 6세기 《대승기신론(大乘起信論)》('믿음을 일깨움')에서 우리는 불성이 온 우주의 본질이자 "만물을 통합하고 그것을 끌어와 하나의 정연한 전체로 만들고 인간의 마음을 두루 밝게 비추어 인간이 선(善)을 향한 능력을 계발할 수 있게 해주는 영원하고 지속적이고 변함없고 순수하고 자족적인 힘"이라는 것을 알게 된다.[36] 만물은 깨달음에 이를 수 있는 능력이 있을 뿐 아니라 실존 자체가 불성의 표현이다.

도교는 '가만히 앉아 있기'(정좌靜坐)라고 부르는 묵상 형식을 발전시켰는데 이것은 마음에서 이미 만들어져 있던 관념들을 내보내, 마음이 외부의 영향을 더 잘 받아들이게 하는 것이다. 중국 불교도는 이런 수행법을 발전시켜 자신들과 마찬가지로 니르바나를 위해 노력하는 성스러운 자연의 강렬한 활동을 인식하려 했다. 불교도는 자연의 광경과 소리에 마음을 열어놓고 "가만히 앉아" 자신을 잊는다. 평상시처럼 자기에 몰두해 있는 상태에서 벗어나 자연의 사물들처럼 "먼지와 미망으로부터 멀어져 평화롭게 … 가을 강물처럼 고요하게" 현재에 머문다.[37] 불교도는 마음이 원래의 고요로 돌아가게 하려고 노력한다. 그렇게 하여 고요해지면 마음은 마치 거울처럼 만물에 내재하는 깨달음의 잠재력을 완벽하게 반영하게 된다.

일본에서 선불교는 자연의 사물에는 단일한 불성이 존재하며 그것은 인간 자아와 분리될 수 없다고 믿는다. 선(禪)의 목표는 이 불성의 실존에 대한 의식을 계발하여 그 불성을 자기 안에서 하나의 현실로 만드는 것이다. 선의 영성을 통해 우리는 자연 세계와 인간 양쪽에서 불성을 인식할 수 있는데 그 방법은 권위적 텍스트가 아니라 뇌의 우반구에 의존한다.[38] "이제 세계는 새로운 옷을 입은 것처럼 보이는데, 이것이 이원론의 볼품없는 꼴을 가려주는 듯하다." 일본 학자 스즈키 다이세쓰(鈴木大拙, 1870~1966년)는 설명한다.

선에 깊이 들면 활기를 되찾게 된다. 봄꽃은 더 예뻐 보이고 산의 개울은 더 시원하고 투명하게 흐른다. 사물의 이런 상태를 불러내는 주체의 혁명을 비정상이라고 부를 수는 없다. 삶이 더 즐길 만해지고 그 폭이 우주 자체를 포함할 만큼 넓어진다면 사토리(さとり, 깨달음을 얻을 잠재력)에는 귀중하고 추구할 가치가 충분한 뭔가가 있는 게 틀림없다.[39]

13세기 철학자이자 시인인 도겐(道元, 1200~1253년) 선사의 글에서는 자연에 대한 선의 인식을 엿볼 수 있다. 그는 중국에서 몇 년 동안 불교를 공부한 뒤 일본의 산속에서 매우 엄격한 형태의 선을 확립했다. 도겐에게 만유는 불성이다. 그러나 불성이 식물이나 나무나 꽃에 어떤 식으로인가 '감추어져' 있다고 말하는 것은 아니다. 불성은 물리적 세계 안에 감추어져 있다가 언젠가 피어나는 성스러움의 씨앗이나 배아가 아니다. 도겐에게는 현상 세계가 말 그대로 그냥 불성 자체다. 만물이 똑같은 잠재력을 지니고 있고 모두 그 나름으로 니르바나에 이르려 노력하고 또 달성하고 있기 때문이다.

내재하는 성스러움에 대한 이런 강렬한 감각은 거의 모든 종교 전통에 반복해서 나타난다. 그리고 자연 세계에서 활력을 없애 그것을 인간 목적에 맞게 조작할 수 있는 물질로 바꾸는 근대의 습관보다는 이 감각이 인간 정신의 본능에 가까운 것으로 보인다. 심지어 일신교에서도 이 감각을 발견하게 되는데, 여기에서도 처음에는 신을 자연 세계를 초월하는 존재로 제시했다. 카발라* 전통을 개척했던 중세 유대교 신비주의자들은 성스러운 것이 내재한다는 관념에 대한 대중의 요구에 어느 정도 응답하고 있었던 것으로 보인다. 카발라 연구자들에게 성경에 기록된 하느님의 행동은 신비하고 신성한 과정의 상징에 불

카발라(kabbalah) 유대교 신비주의 사상. 히브리어로 '전승', '전통'을 의미하는데, 모세가 신으로부터 계시받은 것 중 토라 외에 문자로 표현할 수 없어 구전으로 전해준 가르침이라 일컬어진다.

과했다. 그래서 그들은 하느님이 세계를 '무로부터' 창조했다는 역사적 주장을 뒤집어 창조가 '하느님으로부터' 단계적으로 진행되었다고 주장했다. 따라서 '무'는 텅 빈 공백이 아니라 하느님이었다. 그것은 존재 자체였으며 따라서 창조가 계획되어 있던 다른 어떤 실체보다 현실적이었다. 다만 인간의 관점에서는 '무'였다. 신성의 가장 깊은 핵심은 영원히 미지로 남아 있고 우리 인간이 경험할 수 있는 어떤 것과도 관계가 없기 때문이다. 카발라 연구자들은 신성의 이런 감추어진 핵심을 아인 소프(ein sof, '끝없다')라고 불렀다. 그러나 인간 경험으로부터 멀리 떨어져 있고 인간이 알 수 없는 아인 소프는 그 존재의 가장 깊고 후미진 곳에 창조물에도 깃든 신성의 여러 측면을 담고 있다. 따라서 완전히 비물질적이고 이해 불가능하고 깊이 감추어진 일차적 세계가 있고 그에 인접한 물리적이고 이차적인 세계가 있는데, 이 덕분에 모든 피조물이 성스러운 존재에 대한 지식을 어느 정도 얻는 것이 가능하다.

이런 카발라 우주론은 열 개의 세피라(sefirah, 빛의 '영역' 또는 '세계')를 제시하는데 이 모두가 신성한 생명과 더불어 고동치며, 미지의 아인 소프와 우리의 물질적 세계 사이에서 일종의 다리가 된다. 이것은 우리 세계와 하느님 사이의 우주적 '단계들'이 아니고, 우리와 드높은 신성 사이에 놓인 사다리의 단도 아니다. 각 세피라는 '미지의 것'이 점진적으로 자신을 드러내는 각 국면을 나타낸다. 각각은 완전히 신비한 하느님을 조금씩 더 드러내며, 하느님은 깊은 감춤으로부터 단계적으로 나타나, 말하자면 신성의 가장 깊고 후미진 곳으로부터 한 걸음씩 내려와 마침내 세상에 이른다.

성 바울이 처음 개종시킨 아테네인 디오니시우스 아레오파기타*의 이름을 자신의 이름으로 삼고[40] 5세기 말과 6세기 초에 알렉산드리아에서 가르친 비잔티움의 한 수사(이 사람을 흔히 '위僞-디오니시우스'라고 부른다)의 신학에서도 비슷한 개념을 찾을 수 있다.[41] 위-디오니시우스는 카발라 연구자들과 마찬가지로 창조를 신의 선(goodness)이 분출해 만물 속으로 흘러 들어간 것—'제1존재'가 신비한 '분리 상태'를 계속 유지하면서도 자기 '밖으로 나서서' 창조물의 실존에 참여하는 엑스타시스—으로 보았다.

우주의 '원인'은 … 말하자면 선에, 사랑에, 갈망에 이끌려 자신의 초월적 거처로부터 유인되어 나와 만물 안에 머물게 되는데, 그러면서도 초자연적이고 황홀한 능력 덕분에 그 자신 안에

---

* 공동번역 성서에는 아레오파고의 디오니시오라고 나온다.

머문다.[42)]

　그러나 위-디오니시우스는 창조의 환희를 카발라의 신비하고 규정하기 힘든 방출 대신 오르가슴으로 부끄러움 없이 묘사한다. 이 기독교 수사에게 그것은 화산 분출에 더 가깝기 때문이다. 그러나 용암은 멀리 흘러가면서 식고 단단해지지만 각 존재는 아무리 비천하다 해도 하느님에 의해 영원히 변화된 상태를 유지한다. 그에게는 각 존재는 신성한 것과 계속 직접적인 관계를 맺고 있기 때문이다. 따라서 모든 방출이 아인 소프로부터 점진적으로 멀어지는 카발라와 달리, 그에게는 각 피조물—지렁이건 대천사건—이 성스러운 존재와 맺는 관계가 모두 동등하다.

　위-디오니시우스는 자연을, 그 자체를 넘어 우리가 하느님이라고 부르는 말로 표현할 수 없는 존재를 암시하는 것으로 경험했다. 그러나 우리는 자연물이라는 베일을 통해 신의 현존을 직감할 수 있을 뿐이다. 자연물은 드러내는 것만큼이나 감추기 때문이다. 사실 우리가 신을 분명하게 볼 수 있다면 그것은 신이 아닐 것이다. 하지만 자연을 올바르게 바라보게 되면 작디작은 흙 한 알갱이에서도 말로 표현할 수 없는 신성을 엿볼 수 있음을 알게 된다.

앞으로 나아갈 길

성스러운 자연에 대한 이런 비전을 어떻게 회복할 수 있을까?

내 생각으로는 우선 신에 대한 인식을 바꾸어야 한다. 우리는 신이 먼 천국에 틀어박혀 있다고 보는 것이 아니라, 신성을 만유를 통해 흐르는, 말로 표현할 수는 없지만 역동적인 내적 현존으로서 이해하는 오래된—그러나 여전히 널리 퍼진—방식으로 눈을 돌릴 필요가 있다. 이것이 외로운 창조주의 이미지보다 오히려 사람들에게 자연스럽게 다가오는 듯하다. 실제로 서양 사람들도 중세 말 이전에는 신성을 그렇게 보았다.

윌리엄 워즈워스는 시 〈틴턴 수도원〉에서 자연을 다르게 보도록 스스로 가르쳤다고 말한다. 젊은 시절에는 자연 세계에 본능적이고 감정적으로 반응했으나 이제 그 깊이를 헤아리려면 더 집중해서 자연을 응시하고 묵상할 필요가 있다. 이제는 그저 자연을 그 자체로 즐기고 탐닉할 수가 없다. 자연이

타이르고 가라앉히는

큰 힘이 있으면서도, 거칠지도 않고 거슬리지도 않는

고요하고 슬픈 인간성의 음악[43]

과 불가분의 관계임을 발견했기 때문이다. 오늘날 우리가 우리 환경에 준 피해를 생각할 때 자연과 인간의 연결은 더욱 절실해졌다. 자연을 인간의 파괴에서 구해야 한다는 다급한 과제와 직면해 있음을 알기에 우리는 이제 자연을 마냥 즐길 수만은 없다.

하지만 워즈워스는 이어서 자신이 자연 세계에서 경험하는 성스러운 현존을 묘사한다. 중요한 것은 그가 성스러운 현존을 '하느님'이라고 부르지 않으려 한다는 것이다. 워즈워스는 거의 언제나 말을 아주 세심하게 선택한다. 대화를 나눌 때 우리는 불분명하거나 모호한 사건이나 감정을 가리키기 위해 막연하게 '어떤 것'이라는 단어를 사용하는 일이 많다. 그러나 워즈워스는 스스로 규정하지 않으려 하는 어떤 실재를 가리키기 위해 이 말을 사용한다.

그때 내가 느낀 것은

드높은 생각의 기쁨으로 나를 흔드는

어떤 현존. 훨씬 깊이 스며들어 있는

어떤 것, 석양의 빛과

둥근 대양과 살아 있는 공기와

파란 하늘과 사람의 정신을 거처로 삼는

그 어떤 것에 대한 숭고한 감각.

모든 생각하는 것, 모든 사고의 모든 대상을 몰아가고

모든 것을 통해 굽이치는

어떤 움직임과 어떤 영.[44]

이 시를 읽으면 근대 서양의 하느님보다는 르타와 브라흐만, 기와 도가 더 강하게 떠오르지 않는가?

자연이 우리 삶으로 들어오도록 허락하면 자연은 우리 정신에 스며들어 우리를 형성하는 영향력을 발휘할 수 있다. 간단한 행동부터 시작할 수 있다. 가령 헤드폰이나 휴대전화 없이 하루에 10분씩 정원이나 공원에 앉아 그냥 자연의 광경과 소리를 받아들일 수도 있다. 우리는 주위에 있는 것의 사진을 찍지 말고 대신 새, 꽃, 구름, 나무를 보고 그것이 우리 마음에 자국을 남기게 해야 한다. 워즈워스는 다른 시에서 우리가 자연을 상대하는 데 영향을 주는 '지혜로운 수동성'을 이야기한다. 그는, 늘 책에 코를 처박고 자연 세계의 모든 광경과 소리를 차단하는 어떤 사람과 논쟁을 한다. 그가 오늘날 우리의 기술을 어떻게 생각했을지 상상하기는 어렵지 않다! 워즈워스는 말한다. 우리에게는 학식이 풍부한 책이 필요 없다. 우리 감각이 의식하지도 못하는 새에 자연의 비밀을 들이마시기 때문이다.

> 눈―그것은 볼 수밖에 없다.
> 우리는 귀더러 가만히 있으라 명할 수 없다.
> 어디에 있든
> 우리의 의지가 어떠하든 우리 몸은 느낀다.
> 또한 나는 우리 정신에 저절로 영향을 주는
> 힘들이 있다고 생각한다.
> 지혜로운 수동성으로
> 우리는 그것을 정신의 양식으로 삼을 수 있다.[45]

이와 마찬가지로 우리는 중국인이 '정좌'라고 부른 것으로 우리 자신을 훈련하여, 만물을 통해 흐르면서 만물을 서로 연결하여 조화로운 통일을 이루는 공동의 생명에 주목하는 법을 배울 수 있다. 우리는 앉아서 자연환경을 보면서 새와 잎, 구름과 바람이 조화를 이루고 있고, 그런 조화의 결과 우리가 수십 가지 대상이 아니라 각각이 완벽한 자리를 차지하고 있는 하나의 전체를 보고 있다는 사실을 인식해야 한다. 우리가 이 '지켜보고 받아들이는'[46) 정신을 발전시켜 자연환경의 유동성을 발견하게 되면 성스러운 자연에 대한 우리 조상의 비전 가운데 일부를 회복할 수도 있을 것이다.

3장

"거룩하다! 거룩하다! 거룩하다!"

욥의 침묵

요즘 우리는 '거룩하다'나 '거룩함'이라는 말을 약간 가볍게 여겨, 영적으로 완벽하거나 도덕적으로 우수하거나 신에게 바쳐진 어떤 것 또는 어떤 사람을 묘사하는 데 사용하는 경향이 있다. 그러나 우리가 '거룩함'이라고 번역하는 히브리어 카도시(qaddosh)는 '다름'을 뜻하며 일상의 현실에서 근본적으로 분리되어 있음을 암시한다. 이스라엘의 신 야훼가 시나이산에서 모세 앞에 나타났을 때 그를 둘러싼 영광의 후광은 삼키는 불처럼 보였다.[1] 예언자 이사야가 성전에서 야훼의 모습을 보았을 때 "거룩하다 거룩하다 거룩하다" 하고 외친 스랍*들은 하느님이 "다르다 다르다 다르다"고 선포하고 있었다.[2] 이사야는 사람들에게 자주 찾아오는, 신비한 것에 대한 감각을 경험한 것이다. 종교철학자 루돌프 오토(Rudolf Otto, 1869~1937년)는 이런 초월적 실재와 마주치는 무시무시한 경험을 두려우면서도 매혹적인 신비(mysterium tremendum et fascinans)라고 묘사했다. '두렵다(tremendum)'고 한 것은 그런 경험이 우리를 일상생활의 위안으로부터 떼어내는 깊은 충격으로 찾아오기 때문이다. '매혹적이다(fascinans)'라고 한 것은 그런 경험이 또 저항할 수 없는 매력을 발산하기 때문이다. 이 경험이 일으키는 감정은 말이나 개념으로는 적절하게 표현할 수 없다. 사실 완전히 다른 것이 주는 이런 강렬한 경험은 심지어 '실존한다'고 말할 수도 없다. 우리의 정상적 현실 구도 안에는 그것의 자리가 없기 때문이다.[3)]

그렇다면 자연은 어떤 의미에서 '거룩'한가? 우리가 환경에 준 피해 때문에 우리는 자연을 연약하다고 보는 경향이 있다. 하지만 이것은 단순한 관점이다. 우리가 아주 잘 알고 있듯이 자연은 사나워질 수 있다. 토네이도, 화산 폭발, 홍수, 지진, 산불을 보면서 우리는 자연에 치명적인 위력이 있음을 깨닫는다. 이 글을 쓰는 지금 전 세계가 바이러스에 마비되어 있고 뛰어난 과학에도 불구하고 우리는 이것을 제어하는 데 어려움을 겪

스랍(seraph) 히브리 성경에 등장하는 초자연적인 존재. 기독교에서 가장 높은 계급의 치품천사를 가리킨다.

고 있다. 코로나19 팬데믹은 수많은 인명을 앗아 갔고 경제를 흔들었고 서구 세계가 자랑하는 자유 가운데 다수를 박탈했다. 따라서 자연은 신성과 마찬가지로 '매혹적인' 동시에 '두려울' 수 있다. 언제든지 피해자의 위치에서 파괴자의 위치로 쉽게 넘어갈 수 있다.

앞서 보았듯이 이스라엘은 자연 세계보다 역사에서 신성을 경험했다. 따라서 히브리 경전은 자연 현상에서 성스러운 존재를 찾는 대신 이스라엘 민족이 겪는 승리와 참사, 전투와 역병에 초점을 맞춘다. 그들의 신 야훼는 자연의 반복적 리듬 속에 경이롭게 내재하는 것이 아니라 역사의 격변에서 자신을 드러냈다. 다른 대부분의 종교 전통과의 이런 결별은 기원전 약 1250년에 분명해졌다. 이때 양 떼를 돌보던 모세는 뭔가 이상한 것을 보았다. 불이 붙었지만 타지 않는 덤불. 살펴보려고 가까이 다가가자 야훼가 덤불에서 그를 불렀다. 다른 중동 종교라면 이런 신성을 불타는 관목과 분리할 수 없는 것으로—그 관목이 존재하고 번성하게 해주는 신비한 힘으로—여겼을 것이다. 그러나 야훼는 자신과 덤불, 즉 자연을 분리하고 모세의 조상과 동맹을 맺었다. 그는 아브라함, 이삭, 야곱의 하느님이었으며 역사의 사건들 속에서 자신을 알렸다.[4]

그러나 전통과의 이런 급진적 결별은 하룻밤 새에 이루어진 것이 아니었다. 기원전 9세기 예언자 엘리야는 가나안 북부 다산의 신 바알의 추종자와 싸움이 붙었다. 이 무렵 이스라엘인 대부분은 여전히 하나의 신을 섬기는 것을 괴상하게 여겼다. 야훼는 이스라엘인이 약속의 땅을 정복하는 것을 도와준 전쟁 신이었지만 농업에 전문 지식이 있다는 소문은 없었던 반면 바알은 들을 비옥하게 만들고 자연 세계에 대한 이해를 높이고 불모나 기근과 허리가 휘어지도록 싸우는 데 의미를 부여했다. 그들은 바알 숭배에서 땅을 생산적으로 만드는 성스러운 에너지와 만난다고 느꼈다.[5] 엘리야는 바알의 사제들과 목숨을 걸고 싸운 뒤 민중의 분노를 피해 호렙산으로 달아나 피신하며 야훼가 오기를 기다려야 했다.

크고 강한 바람 한 줄기가 일어 산을 뒤흔들고 야훼 앞에 있는 바위를 산산조각 내었다. 그러나 야훼께서는 바람 가운데 계시지 않았다. 바람이 지나간 다음에 지진이 일어났다. 그러나 야훼께서는 지진 가운데도 계시지 않았다. 지진 다음에 불이 일어났다. 그러나 야훼께서는 불길 가운데도 계시지 않았다. 불길이 지나간 다음 조용하고 여린 소리가 들려왔다. 엘리야는 목소리를 듣고 겉

옷자락으로 얼굴을 가리우고 동굴 어귀로 나와 섰다. 그러자 그에게 한 소리가 들려왔다. "엘리야야, 네가 여기에서 무엇을 하고 있느냐?"[6]

엘리야는 바알을 섬기는 이스라엘 동포와는 달리 이제 자연의 격변과 리듬에서 성스러운 존재를 경험하지 않았다. 그에게 야훼는 자연 세계로부터 너무 멀리 떨어져서 거의 인지할 수 없는 존재였다. 야훼는 가벼운 바람의 느낌으로만 표현되었다.

히브리 경전 전체에 걸쳐 성스러운 존재는 보통 내재적 현존이 아니라 멀리 떨어진 실재로서 찬양되었다. 이스라엘의 신은 인도의 데바들과는 달리 자연 세계 안에 자신을 감추지 않았으며 도교의 만물과는 달리 일상의 현실에 깃드는 성스러운 존재가 아니었다. 대신 야훼는 우주의 창조주이자 통치자로 제시된다. 〈시편〉 저자는 하느님이 혼자서 자리를 잡아놓은 달과 별을 쳐다보며 특별한 아름다움이나 본질적인 성스러움을 생각하지 않는다. 그의 생각은 거의 즉시 야훼가 자연의 통치자로 임명한 인간으로 돌아간다.

그를 하느님 다음가는 자리에 앉히시고 존귀와 영광의 관을 씌

워주셨습니다.

손수 만드신 만물을 다스리게 하시고 모든 것을 발밑에 거느리게 하셨습니다.

우주의 만물―양, 황소, 야생동물, "공중의 새와 바다의 고기"―이 인간에게 복종한다.[7] 〈시편〉 저자는 기뻐서 말한다. 다른 시에서 자연의 경이는 단순히 신성의 장신구로 격하된다.

하늘을 차일처럼 펼치시고
물 위에 궁궐을 높이 지으시고,
구름으로 병거를 삼으시고
바람 날개를 타고 다니시며,
바람을 시켜 명령을 전하시고
번갯불에게 심부름을 시키시며.[8]

자연의 요소는 이제 스스로 신성해지는 것이 아니라 야훼에게 완전히 의지한다.

그러다가 당신께서 외면하시면

어쩔 줄을 모르고,

숨을 거두어들이시면

죽어서 먼지로 돌아가지만,

당신께서 입김을 불어넣으시면

다시 소생하고 땅의 모습은 새로워집니다.[9]

그러나 〈욥기〉에서는 자연에 대한 매우 다른 접근을 발견하게 되는데 이것은 성경에서 가장 정열적이고 아름다운 시로 표현된다.[10] 이 극적인 시는 고대 민담에 기초를 두고 있으며 '지혜' 운동에 가담한 이스라엘인이 쓴 것으로 보인다. '지혜' 운동은 전 세계 여러 종교 전통에서 나타났고 신보다는 자연을 도덕성의 진정한 원천으로 보았다. 이스라엘에서 '지혜'의 스승들은 솔로몬 왕을 모범적 현자로 숭배했다.

그는 레바논에 있는 삼나무로부터 성벽에 자라는 우슬초에 이르기까지 모든 초목을 논할 수 있었으며 야수나 날짐승이나 기는 짐승이나 물고기를 모두 논하였다. 그리하여 모든 민족으로부터 사람들은 솔로몬의 지혜를 들으러 왔고 그의 지혜의 소식을 들은 세상의 모든 왕들이 또한 그리하였다.[11]

7세기에 '신명기 편자'라고 알려진 편집자들은 〈신명기〉와 〈열왕기〉로 이스라엘의 두 번째(그리스어로 데우테로*) 역사를 썼다. 이 편집자들은 시나이산에서 모세에게 나타난 하느님의 계시의 중요성을 강조했는데 '지혜' 저자들이 문제를 제기했다. 그들은 우리가 자연 세계로부터 배우는 교훈이 십계명만큼이나 중요하다고 주장했다. 그러나 〈욥기〉의 저자는 여기에서 더 나아가 자연이 시나이산의 편협한 윤리를 박살냈다고 주장한다.

그에 따르면 사탄이 의롭기로 유명한 욥을 시험하라고 하느님을 설득하자 하느님은 사탄의 말을 따라 욥과 욥의 가족에게 재앙을 잇따라 내려보냈다. 욥의 가축―소, 양, 낙타―이 많이 죽었다. 집에 벼락이 떨어져 자식이 다 죽었다. 욥은 무시무시한 병에 걸려 머리에서 발까지 악성 궤양으로 뒤덮였다. '지혜' 운동의 충성스러운 지지자인 세 친구는 욥을 위로하려 하지만 동시에 그가 심각한 죄를 지은 것이 아니라면 하느님이 그를 이렇게 잔혹하게 대접할 리 없다고 주장한다. 그러나 욥은 고집스럽게 무죄를 주장하며 자신의 운명을 한탄한다. 그는 깊은 절망에 빠져 자신이 태어난 날을 저주한다.

---

* 〈신명기〉는 영어로 'Deuteronomy'다. 이 말의 앞부분인 데우테로(deutero)가 그리스어로 두 번째를 가리키는 말에서 왔다.

그날이여, 어둠에 뒤덮여

위에서 하느님이 찾지도 않고

아예 동트지도 마라.

칠흑 같은 어둠이 그날을 차지하라.[12]

욥은 너무도 인간적인 자기중심주의에 빠져들어 온 우주에 등을 돌린다. 욥은 알고자 한다. 왜 고결한 자가 고통을 겪어야 하는가? 이것은 지극히 인간 중심적인 질문이었다. 하느님이 마침내 대답하자 욥은 성을 내며 무시한다.

그러자 하느님은 욥이 자신의 이해의 한계와 마주하도록 밀어붙인다. 직접 질문을 퍼부어 욥이 거기에 답하는 것이 불가능하다는 점을 깨닫게 하려 했다.[13] 하느님은 입이 벌어질 만큼 아름다운 우주 질서를 드러내는데 이 질서에서 폭력과 고난은 모든 종의 삶에, 또 역설적으로 그들의 영광에 필수적이다. 동물은 이 도전에 아주 당당하게 대응하기 때문이다. 동물은 자신이 견디는 곤경을 두고 투덜거리거나 탄식하는 대신 더 용기를 내고 훌륭해지는데 인간도 동물들의 예를 따르는 게 좋을 것이다. 욥처럼 제멋대로 훌쩍거리는 대신 인간은 자기가 세상의 중심이 아니라는 것을 배워야 한다. 인간의 자기 중심적 관점은 편협할 뿐 아니라 겹투성이이고 전적으로 부적절하다. 우리는 성경에서 처음이자 유일하게 자연이 그 나름의 고유한 가치, 힘, 완결성, 아름다움을 지닌 것을 보게 된다. 욥이 어둠과 죽음을 본 곳에서 하느님은 기운과 생명으로 고동치는 우주를 드러낸다. 욥은 비실존의 상태를 갈망하는 반면 하느님은 첫 새벽의 영광과 더불어 어둠의 자궁에서 의기양양하게 출렁거리는 원시의 바다를 드러내 욥이 자기 관점의 부적절함과 대면하게 한다.

> 내가 땅의 기초를 놓을 때 너는 어디에 있었느냐? …
> 누가 세상의 주춧돌을 놓았느냐?
> 그때 새벽별들이 떨쳐 나와 노래를 부르고
> 모든 하늘의 천사들이 나와서 합창을 불렀는데.
> 바다가 모태에서 터져 나올 때
> 누가 문을 닫아 바다를 가두었느냐?
> 바다를 구름으로 싸고
> 먹구름으로 묶어 둔 것은 바로 나였다.[14]

욥은 땅이 얼마나 큰지 아는가? 눈(雪)을 보관한 곳을 본 적

묘성(昴星, pleiades) 황소자리에 있는 별무리. 대략 500개의 별들로 구성되어 있다. 〈아모스서〉 5장 8절에 야훼가 묘성 성좌를 만들었다는 내용이 있다.

이 있는가? 묘성*의 고삐를 쥘 수 있는가? 천상의 법칙을 파악하여 구름이나 갇힌 물이 그의 명령을 따르게 할 수 있는가?

인간은 자기가 우주의 중심이라고 생각할지 모르지만 하느님은 말한다. 동물에게는 자신을 착취하는 인간보다 훨씬 고상한 가치관이 있다. 산양은 새끼를 낳고 기르지만 인간처럼 후손에게 매달리지 않는다. 새끼가 다 크면 "그들을 떠나 두 번다시 돌아오지 않아" 새끼들에게 완벽한 자유를 허락한다. 들나귀는 하느님이 살게 해준 사막에서 자유로우며, 목에 밧줄을 두르지 않고 자신을 모는 사람의 잔인한 외침을 들을 필요 없이 당당하게 산다. 인간은 타조가 누구나 밟을 수 있는 땅에 알을 낳으니 어리석다고 생각한다. "그런데 그것이 한번 날개 치며 내달으면 말과 기마병을 한꺼번에 놀려주지 않느냐?"[15] 또 어떻게 욥은 자신을 말의 아름다움과 장엄함에 견줄 수 있다고 생각할 수 있는가?

네가 말에게 날랜 힘을 주었느냐?
그 목덜미에 휘날리는 갈기를 입혀주었느냐?
네가 말을 메뚜기처럼 뛰게 할 수 있느냐?
힝힝 하는 그 콧소리에 모두들 두려워한다.

발굽으로 세차게 땅을 파다가 힘을 뻗쳐 내달으면
눈썹 하나 까닥하지 않고 무서움쯤은 콧등으로 날려버리며
칼날도 피하지 아니하고 내닫는다.
화살통이 신나게 덩그렁거리고 창과 표창이 번뜩이는데
아우성치는 함성을 헤치며 땅을 주름잡고
나팔 소리 울려 오면 곁눈 한번 팔지 않고 돌진한다.[16]

그러나 엄청난 힘 ─ "무쇠 빗장 같은 갈비뼈"를 갖고 있
다 ─ 으로 "하느님의 모든 작품 가운데 걸작"이 된 것은 베헤
못, 즉 하마다. 하느님은 베헤못이 다른 동물을 다 잡아먹을까
염려하여 산에서 살지 못하게 했다. 그래서 베헤못은 나일강
옆에 고요히 누워 자신의 큰 힘을 일부러 쓰지 않고 있다.

연꽃잎이 그늘을 드리우고
강가의 버드나무가 그를 둘러싸준다.
강물이 덮쳐 씌워도 꿈쩍하지 아니한다.[17]

베헤못은 자연에서 갈등하는 대립물들의 조화를 상징하는데
이것이 성스러운 존재의 전형이다. 이렇게 자연은 우리에게 충

격을 주어 인간적 자족에서 벗어나게 하며 우리 시야의 한계와 대면하게 한다. 우리는 폭력과 아름다움, 공포와 고요가 인간의 제한된 범주들에 저항하며 신비하게 공존하는 자연에서 조화를 얻는다.

야훼는 질문이 끝나자 욥에게 답을 달라고 한다. 그러나 욥이 할 수 있는 말이라고는 "아, 제 입이 너무 가벼웠습니다. 무슨 할 말이 더 있겠사옵니까?"뿐이다. 그는 겸손하게 손으로 입을 가리는데, 이것은 숭고한 존재가 현존하는 자리에서 느끼는 경외감을 제의적으로 표현한 것이다. 욥은 계시를 경험하는데 이것은 "천둥소리와 함께 번개가 치고 시나이산 위에 짙은 구름이 덮이며 나팔 소리가 크게 울려 퍼지며"[18) 자연이 신성의 현존에 화려하게 응답했던 하느님의 시나이산 현현을 떠올리게 한다. 〈욥기〉의 시를 쓴 저자는 욥이 새로운 모세, 하느님이 인간의 제한된 시야를 밀어내고 성스러운 자연의 아름다움과 힘과 신비를 드러내 보여준 예언자라고 주장하는 듯하다.[19) 그런데도 욥은 이스라엘에서 인정받지 못하는 예언자였다. 아마도 우리 역사에서 위태로운 고비인 지금이 욥을 인정해야 할 때인 듯하다.

앞으로 나아갈 길

〈욥기〉는 우리에게 무엇을 말하려고 하는가? 분명한 가르침이나 지시는 없다. 하느님은 사실 욥의 어떤 질문에도 대답하지 않고 자연에 대한 압도적인 웅변적 묘사로 욥을 어리둥절하게 하여 마침내 말 많은 욥마저 입을 다물게 한다. 저자는 암시한다. 이것이 유일하게 가능한 응답이라고. 이 시 전체에 걸쳐 내내 번지르르한 말과 과도한 자신감으로 자신의 의로움을 내세우고 한 번도 말이 막힌 적이 없던 욥은 손을 들어 올려 입을 가리며 자신이 지금 이해의 영역을 넘어선 무언가와 마주했음을 깨닫는다. 놀랍도록 쏟아져 나오던 말―성경에서 가장 훌륭한 시―은 침묵을 낳는다.

근대 세계에서 우리는 침묵을 혐오하게 되어 끝없는 수다와 자극에 의지한다. 그러나 거룩함과 마주할 때 우리는 침묵해야 한다. 성스러운 존재를 묘사하거나 규정하려 하는 순간 우리는 그것을 제약하거나 왜곡한다. 기원전 10세기 인도의 브라만 사제들은 우리 모두에게 모델이 될 만한 브라모디아(brahmodya)라는 시합을 만들어냈다. 시합의 목표는 언어를 최대한 밀어붙여 브라흐만을 규정하는 공식적인 말을 찾아내는 것이었는데 그러다 보면 결국 언어가 무너지고 참가자들은 말로 표현할 수 없는 것을 생생하게 의식하게 된다. 도전자는 곤혹스러운 질문을 던져야 하고 상대의 답은 적절하지만 마찬가지로 헤아릴 수 없어야 한다. 상대를 침묵시키는 사람이 승자가 되는데 그 침묵 속에 브라흐만이 현존한다. 말의 무능에 대한 충격적인 깨달음 속에서 브라흐만이 분명하게 드러나기 때문이다.[20]

우리는 도 역시 우리의 이해를 넘어서 있음을 보았다. "이름을 붙일 수 있는 도는 영원한 도가 아니다." 노자는 우리에게 말한다. 도는 우리의 범주들을 초월하기 때문에 도에 관해서는 어떤 말도 할 수 없다. 우리의 정상적 사고 양식의 특징인 구별은 모두 타당성을 잃어버린다. 서기 3세기에 이집트 사막에서 고독을 구하던 기독교 수사도 헤시키아(hesychia, '평정')를 가져다주는 말 없는 영성을 계발했다. 그들에게 기도는 하느님과 나누는 대화나 신성의 본질에 대한 구조화된 명상이 아니었다. 기도는 '생각 없애기'를 뜻했다. 하느님은 모든 생각과 개념을 넘어서기 때문에 고양된 감정이나 비전이나 천상의 목소리는 있을 수 없었다. 그런 것들은 열에 들뜬 수사의 상상의 산물에 불과했다. 마음은 그런 것과 접하는 대신 '벌거벗어야' 했다.[21]

이런 식으로 부정을 통해 알아 가는(아포파시스*), 또는 '말

없는' 경험은 현재 우리에게 낯설다. 아마 이 낯섦도 아주 많은 서양인이 오늘날 신이라는 개념을 어렵게 생각하는 이유 중 하나일 것이다. 우리는 이미 디오니시우스 아레오파기타(위-디오니시우스)를 만나보았는데, 그는 중세 말까지는 서양의 거의 모든 중요한 신학자에게 영향을 주었다.[22] 그의 목표는 수사뿐만 아니라 평신도까지 모든 기독교인이 신학에서 언어의 한계를 인식하게 만드는 것이었다. 그는 지적했다. 하느님은 성경에서 이름이 52개나 된다. 성경은 하느님을 바위라 부르고 하늘이나 바다 등에 비유하기도 하지만 이런 명칭은 분명히 불충분하다. 하느님은 당연히 바위가 아니기 때문이다. 그러나 '지혜' '선' '통일' 같은 더 세련된 이름은 더 위험하다. 그것은 우리가 하느님이 어떤지 안다는 그릇된 인상을 주기 때문이다. 우리는 우리가 그 말들을 이해하는 방식으로 하느님이 지혜롭고 좋으며 통일되어 있다고 가정한다. 그러나 하느님은 좋은 사람이나 좋은 음식처럼 '좋지' 않다. 따라서 우리는 우리가 하느님을 일컫는 가장 고상한 이름도 우리를 잘못 이끌 수밖에 없음을 인식해야 한다. 그래서 우리는 전례에서 경전에 귀를 기울일 때 공경하는 마음을 품고 경전이 하느님에게 부여하는 이름이 모두 불충분하다고 생각하여 거부하고, 말로 표현할 수 없는 존재가

아포파시스(apophasis) 부정적인 진술을 통해서 완전한 존재인 신에 대해 설명하는 신학적인 사고방식을 가리킨다.

현존하는 자리에서 겸손한 침묵에 들어가야 한다.

　이런 행동 때문에 위-디오니시우스의 회중이 당황하거나 좌절감을 느끼지는 않았다. 오히려 그 덕분에 아리아인 사제들은 브라모디아 끝에 경험하는 것과 같은 경의에 찬 엄숙한 침묵으로 들어갔다. 사제든 평신도든, 위-디오니시우스의 주장에 따르면, 모두가 이런 식으로 경전에 귀를 기울이고 "지성 너머에 놓인 어둠에" 뛰어들어야 한다. 그러면 궁극적으로 우리 모두 "단지 말이 부족한 상태가 아니라 실제로 말과 앎이 사라지는 상태에 있음을 알게" 될 것이다.[23] 이는 건조한 두뇌 훈련이 아니라 환기력이 강한 음악과 양식화된 극과 구름처럼 향이 피어오르는 비잔티움 전례의 고양된 감정적 드라마 속에서 실행되는 것으로, 여느 위대한 미적 경험과 마찬가지로 사람들의 감정을 움직였고 존재의 깊은 수준에서 그들을 흔들어놓았다. 경전의 말에 귀를 기울이고 자신을 일반 담론과 분리해주는 특별한 성가를 부르면서 회중은 로고스보다 깊은 수준에서 우리가 '하느님'이라고 부르는 존재가 이것이나 저것이 아니라 측량할 수 없는 '다른' 것임을 배웠다. 하느님은 카도시 — '거룩'하고 '떨어져' 있다는 뜻의 히브리어 — 다. 전례를 통해 회중은 다르게 존재하고 보는 방식에 입문했다. 그들은 욥이 하느님의 열정적인 말을 듣고서 자신의 입술에 손을 대고 입을 다물었을 때 무엇을 느꼈는지 이해했을 것이다.

우리가 하느님이라고 부르는 존재는 브라흐만이나 도(道)와 마찬가지로 이성이 닿지 못하는 곳에 있다. 그러나 의미심장하게도 욥이 이것을 보게 되는 것은 이사야의 비전 같은 극적인 비전이나 정교한 신학적 담론이 아니라 신이 드러낸, 자연의 성스러움에 대한 통찰 덕분이다. 그는 자연이 하느님과 마찬가지로 거룩하다는 것, 두려우면서도 매혹적이라는 것을 알게 된다. 우리가 보았듯이 다른 전통에서 신성과 자연은 늘 불가분이었지만 욥과 이스라엘에게 이것은 새로운 통찰이었다. 오늘날 서양에도 이것은 익숙하지 않은 관념이다. 14세기 이래 서양인은 성스러운 존재에 대하여 완전히 다른 개념을 구축해 왔다. 자연을 합리화하고 하느님을 천국에 한정하여 매우 급격하게 신성을 축소하는 바람에 많은 사람에게 신성은 믿을 수 없거나 인식할 수 없는 것이 되었다. 동시에 우리는 산업화된 사회에서 자연 질서를 체계적으로 파괴하고 있다. 자연 세계에 우리 생활을 개선하도록 강요할 뿐 그 본질적인 거룩함은 보지 못함으로써 우리는 어쩌면 복구 불가능할 정도로 자연 세계를 파괴해버렸다. 동시에 신성에 대한 우리의 개념에서 자연 공경을 배제하여 신에 대한 부자연스러운 인식이 발전하게 되었다. 다른 경전들과는 달리 성경 자체가 자연이 야훼에게 종속되고 우리의 요구에 굴종한다고 주장하여 이런 인식을 장려해왔다. 그러나 〈욥기〉의 미지의 저자는 우리 시대를 위한 예언자로서 우리에게 긴급한 메시지를 전하고 있다. 그에 따르면 자연 세계를 이제 더는 단지 자원으로만 간주할 수 없다. 대신 욥과 마찬가지로 그 신비를 인식하고 "거룩하다! 거룩하다! 거룩하다!" 하고 외쳐야 한다.

4장

망가진 세계를 위한 노래

슬픔과 고통

저녁 뉴스를 들을 때면 거의 언제나 비극적이고 슬프고 잔혹한 이야기가 우리를 뒤덮는다. 과학 기술이 특별한 성취를 이루었지만 우리는 많은 인간을 괴롭히는 가난과 고통과 불의를 덜어주지 못하는 듯하다. 게다가 이런 불쾌한 진실을 우리 마음 뒤편으로 밀어내는 일이 너무 흔하다. 요즘 뉴스 진행자는 특별히 마음이 상할 만한 화면을 소개할 때 미리 알려—"경고: 다음 이야기는 고통스러울 수도 있습니다"—시청자가 채널을 돌리거나 차를 내리러 가 괴로운 장면을 피할 기회를 준다.

그러나 전통적으로 종교는 이런 현실 앞에서 사람들이 움츠러들지 않고 삶에 내재하는 괴로움을 바라보게 하는 이야기와 제의를 만들어냈다. 인도의 일부 창조 신화는 우리 세계가 맨 처음부터 흠이 있고 망가져 있었다고 주장했다. 이것은 하느님이 모든 것이 '좋다'고 확신했다는 〈창세기〉의 낙관적인 창조 이야기와는 사뭇 다르다. 인도의 창조신 프라자파티(prajapati, '모든 것')는 브라흐만을 인격화한 존재였다. 인도 최초의 경전인 《리그베다》*에서 프라자파티는 우주를 지탱하고 인간 마음에 의식의 씨앗을 심는 힘이었다. 이야기에 따르면, 프라자파티는 자기 내부로부터 타파스**라고 알려진 창조의 열기를 생산했고 이것을 이용해 땅·하늘·천국 셋으로 이루어진 우주를 만들어냈다. 그런 다음 우주로 '다시 들어가' 우주의 신성한 숨이자 그 존재 자체가 되었다. 따라서 세계는 본질적으로 신성하고, 또 성스러운 존재와 융합되어 있었다. 그러나 기원전 9세기에 나온 사제들의 텍스트 모음인 《브라흐마나》에서 창조 이야기는 더 혼란스러워졌다.

이 더 어두운 이야기에서 프라자파티는 이제 우주를 수월하게 창조하지 못한다. 타파스에 불을 댕기는 강렬한 긴장 때문에 그의 몸은 폭발했고, 그렇게 갈라진 조각들이 셋으로 이루어진 우주와 더불어 땅에서 사는 모든 피조물만이 아니라 신들의 정수가 되었다.[1] 그것은 재앙이었다. "진실로" 세상에 "단단

《**리그베다**(Rig Veda)》 '운문으로 이루어진 지식'. 아리아 인도인의 네 가지 베다 경전 중 하나이며 천 편이 넘는 영감 어린 찬가로 이루어져 있다. 인도의 종교·철학의 정수가 담겨 있어 가장 신성한 부분으로 꼽는다.

한 기초는 없었다."[2] 사제 저자는 말한다. 프라자파티의 피조물은 약하고 병들었다. 일부는 숨을 쉬지 못했고 일부는 악마에게 괴롭힘을 당했다. 그들은 서로 싸우고 잡아먹었다. 프라자파티는 힘을 쓰느라 너무 약해져 자신이 창조한 바로 그 신들이 되살려내야 했다.[3] 프라자파티는 생명력이 바닥나자 죽음이 두려워 성스러운 불 아그니에게 자신의 몸을 다시 합쳐 달라고 간청했다.[4] 그러자 아그니는 그를 조각조각 쌓았는데, 이런 복원은 베다 사제가 불의 제단을 구축하는 일상적 제의에서 재연되었다.

> 우리가 지금 (제단 위에) 쌓는 이 장작이 바로 그 쪼개진 프라자파티다. 집어넣기 전에 빈 채로 놓인 바로 저 화로가 무너진 채 누워 있는 프라자파티와 똑같다. … 신들이 (프라자파티를) 덥히듯이 그(사제)는 (텅 빈 단지를) 덥힌다.[5]

프라자파티 이야기는 제의에서 재연되어 생명을 얻는 신화로서 오늘날 우리에게 너무나 분명하고 심오한 진리를 드러내 보여준다. 우리가 잠재적으로 망가진 세계에 살고 있다는 것. 인도에서 이 섬뜩한 가르침은 근대 환경주의의 추상적이고 과

타파스(tapas) '열'. 사람들은 신성한 불 옆에 앉아 땀을 흘리며 안에서 온기가 솟아오르는 것을 느끼는데, 이 온기는 신성하고 창조적인 힘으로 경험되었다.

학적인 맥락에서 제공되는 것이 아니라 제의라는 상상력 풍부한 예술적 장치를 통해 생명을 얻었다. 아리아인은 우리와 달리 망가진 세계에 책임이 없었지만 자신들을 위해 세계를 복구하고 안전하게 만들어야 한다고 느꼈다. 사제들은 매일 불의 제단을 구축할 때마다 망가진 우주를 상징적으로 재건했다. 제단은 "두 팔을 펼친 정도의 거리가 되어야" 하고 사람의 몸을 본떠야 했다. 두 봉헌 그릇은 프라자파티의 두 손을 나타냈다. 두 우유 단지는 귀, 두 금 조각은 눈이었다. 사제는 프라자파티에게 먹을 것을 주기 위해 아침저녁으로 막대에 불을 붙였다. "그(사제)는 우리의 아버지 프라자파티가 찢기는 것을 보지 않으려면 … 일 년 내내 이와 똑같은 행동을 해야 했다."[6]

이 세상에 있는 모든 불은 (프라자파티의) 내부의 숨이다. 대기는 그의 몸이다. 이곳에 있는 모든 바람은 그의 몸에 깃든 생명의 숨이다. 하늘은 그의 머리이고 해와 달은 그의 눈이다. … 이제 신들이 합쳐놓은 단단한 기초가 여기 있고, 그것은 오늘도 또 앞으로도 그러할 것이다.[7]

세계의 연약함에 대한 우려는 매일 제의의 드라마로 표현되고 거기에 성스러운 만트라*의 감동적인 독송(讀誦)과 리시(시인, '보는 자')의 영감을 받은 시가 따르면서 아리아인의 의식(意識)의 일부가 되었다. 그들은 자연이 연약하며 매일 자연을 숭배하고 구출하는 일이 인간에게 달렸음을 알게 되었다.[8] 제의는 프라자파티의 이야기를 재연할 뿐 아니라 아리아인에게 손상된 세계를 치유하고 양육할 책임도 일깨웠다. 결정적으로, 참가자들은 제의의 미적인 힘을 통해 자신들이 잃어버릴까 봐 두려워하던 "광채 나는 순수한 세계"에 내재하는 성스러움을 엿볼 수 있었다.[9]

따라서 아리아 종교의 핵심은 손상된 세계에 대한 슬픔을 의도적으로 환기하는 것이었다. 이슬람교도가 쿠란을 독송하는 데도 이와 비슷한 목적이 있고 그것은 만트라 독송과 같은 감정적 힘을 발휘한다. 비이슬람교도는 이 점을 제대로 이해하기 힘들다. 이 아랍어의 특별한 절절함은 번역으로는 전달되지 않는 데다가 비이슬람교도는 쿠란의 독송을 듣는 게 아니라 텍스트만 읽기 때문이다. 최초의 이슬람교도는 쿠란의 아름다움에 놀라는 것을 넘어 충격을 받았다. 전통적인 아랍 시와는 매우 달랐다. 어떤 사람들은 감정적으로 취해서 "무릎을 꿇고 울었다." 독송에 살갗이 "떨리고 … 가슴이 부드러워졌으며" 또

만트라(mantra) 본래 베다 문헌의 주요 부분을 형성하는 찬가 또는 시구를 가리키는 말. 신비한 위력을 지닌다고 하여 의식에서 주문처럼 낭송되었다.

"(거기 담긴) 진실을 인식했기 때문에" 눈에서 "눈물이 흘러넘쳤다."[10] 기독교인은 예수를 통해 '하느님의 말씀'과 만나는 반면 이슬람교도는 공동 예배 때 독송하는 쿠란 텍스트의 소리로 '신성한 말씀'을 접한다. 쿠란을 외울 때 그것을 흡수하는 것은 신성한 교감 행위이기도 하다.

쿠란 독송은 이슬람 세계에서 주요한 예술 형식이다. 독송은 후즌(huzn)이라고 알려진 상태를 환기하는데, 이 상태는 '슬픔' '비통' '처연함'을 뜻하며 인간 삶의 고난에 대한 강렬한 감정을 환기한다. 철학자 수전 랭거가 설명했듯이 음악은 "우리가 느끼지 못했던 감정이나 분위기, 우리가 전에 알지 못했던 열정"을 불러올 수 있다.[11] 마찬가지로 후즌은 "진정한 겸손, 신성에 대한 경외, 인간의 연약함과 필멸"의 느낌을 불러온다.[12] 우리의 정의감에 연료가 되는 슬픔과 감정 이입은 깊이 관련되어 있다.[13] 사실 신경물리학자들은 고통에 대한 공감을 일깨우는 데 미적 경험이 객관적이고 인지적인 접근보다 효과적이라고 말한다.[14] 환경 위기를 다루는 지적·과학적 이야기가 아니라 그러한 미적 경험이 자연의 고통에 대한 감정 이입을 끌어낼 수도 있다.

위대한 이슬람 신비주의자 이븐 알-아라비(1165~1240년)는 이슬람의 고대 하디스(hadith, '전승')에 기초하여 자신의 신학을 세웠는데 여기에는 다음과 같은 신의 말씀이 기록되어 있었다고 한다. "나는 감추어진 보물이었지만 알려지고 싶었다. 그래서 피조물을 창조했고 그렇게 해서 나를 그들에게 알렸다. 그들은 와서 나를 알게 되었다." 이븐 알-아라비는 그것을 이렇게 설명했다. '절대적인 존재'는 그 자신으로부터도 신비하게 감추어져 있기 때문에 자신을 알고 또 알리고 싶은 갈망을 느끼며 이 때문에 비존재의 심연을 덮은 어둠에서 걸어 나와 자신을 드러냈다.[15] 이런 '거룩한 방출'은 말로 묘사할 수 없는 고통 속에서 출발했다. 비틀어 떼어내는 과정이 시작되면서 절대적인 존재의 내부 깊은 곳이 흔들렸다. 절대적 존재는 막 존재하기 시작한 모든 것에 대한 슬픔과 동정으로 한숨을 내쉬었는데, 이븐 알-아라비는 강력한 이미지를 빌려 이 순간을 묘사했다. 상당한 시간 동안 숨을 참으면 견딜 수 없을 만큼 고통스러워져 숨은 폭발하듯 터져 나오거나 흐느끼는 것으로 분출될 수 있다. 따라서 슬픔은 인류에게 국한된 것이 아니다. 슬픔은 신성의 깊은 곳에 자리 잡고 있으며 만물의 기초를 이룬다.[16]

예언자 무함마드(570~632년)의 말로 알려진 다른 하디스에서는 이 한숨이 구름(amū)이 되었다고 전한다. "누군가 예언자에게 물었다. (눈에 보이는) 피조물을 창조하기 전 주는 어디에 계셨습니까? 무함마드는 대답했다. '주는 구름 속에 계셨다. 그 위나 아래에는 공간이 없었다.'"17) 구름은 신성한 방출물이었는데 그 안에 감추어진 '절대적인 존재'가 내적 자아를 드러내자 '물성'을 띠면서 수증기 같은 잠정적인 존재가 되었다. 나중에 이 구름은 창조된 만물을 품어 만물에 형태를 준다. 따라서 창조는 신성의 내부에 있는 자신을 알리고자 하는 갈망의 표현에서 나오며 창조 과정의 출발이 되는 폭발적 흐느낌이 우주 만유 안에 자리 잡고 있다. "세상과 그 안의 만물은 가장 자비로운 분의 숨에 나타난다." 이븐 알-아라비는 말한다. 하느님이 쿠란에서 "내 자비가 만물을 끌어안는다"18)고 말할 때 그는 자신이 만물과 만인 안에 구현되고 있다고 말하는 것이다. 그러나 창조의 한숨은 심연의 과거에 단 한 번 일어난 것이 아니다. 오히려 도교의 실재에 대한 비전과 놀랄 만큼 비슷한 방식으로 '절대적 존재'가 피조물 안으로 항상 흘러넘치는 과정에서 쉼 없이 반복되어 세상이 계속 존재하게 해준다. 따라서 이븐 알-아라비에게 자연 세계는 그야말로 '자비로운 존재의 숨'이며 그 속의 모든 것은 신성한 숨의 표현이다.

후기 유대교 창조 신화도 망가진 세계를 반영하고 있다.

1492년 에스파냐의 유대인은 가톨릭 군주 페르디난트와 이사벨라에 의해 이베리아반도에서 쫓겨날 때 신체적으로만이 아니라 영적으로도 뿌리 뽑히는 경험을 했다. 그들의 옛 세상은 쓸려 나갔고 추방된 그들은 이제 삶에 의미를 부여할 수 없었다. 전통적 유대교는 이제 자신들에게 해줄 말이 없다고 생각했다. 오스만 제국 내 팔레스타인에서 피난처를 구한 사람들은 갈릴리의 사페드에 터를 잡고, 메시아가 오면 그들이 그곳에서 가장 먼저 맞이하게 될 거라고 확신했다. 일부는 성자 같은 이삭 루리아(1534~1572년)에게서 메시아를 발견했다고 믿었다. 루리아는 〈창세기〉와 전혀 관계가 없는 창조 이야기, 추방의 충격 때문에 여전히 움츠러들어 있는 유대인의 망가진 세계를 밝혀 그들의 삶을 견딜 만할 뿐 아니라 즐거운 것으로 만드는 이야기를 해주었다.

이야기는 자발적 망명 행동에서 시작한다. 루리아는 하느님이 어디에나 존재하여 이용할 수 있는 모든 공간을 신성한 자아로 채운다면 세상이 어떻게 존재할 수 있겠느냐고 물었다. 답은 짐줌(tsimtsum, 물러남)이었다. 무한하고 다가갈 수 없는 신―카발리스트들은 아인 소프라고 불렀다―은 세상이 들어설 여지를 주기 위해 물러나 자기 내부의 한 구역을 비웠다. 어떤 의미에서는 하느님이 자신의 일부를 추방한 셈이었다. 더욱이 질서 정연한 〈창세기〉 신화와는 달리 루리아의 창조 이야기는 시원의 폭발·재앙·방출로 점철된 폭력적 과정이었고 세파르디(에스파냐·북아프리카계 유대인) 난민은 이 이야기가 그들 세계를 훨씬 정확하게 반영한다고 보았다. 처음에 아인 소프는 자신이 짐줌으로 만든 빈 곳을 신성한 빛으로 채우려 했지만 그 빛을 담는 '그릇'과 '관(管)'이 부담을 견디지 못하고 박살 났다. 이 성스러운 빛의 불꽃들은 하느님이 아닌 심연으로 떨어졌다. 이런 재앙이 일어난 뒤에 창조는 뒤틀렸다. 모든 게 엉뚱한 곳에 가 있고 우리가 지상에서 포착할 수 있는 신성에 가장 가까운 존재인 셰키나*는 신과 다시 합쳐지기를 갈망하며 영원한 망명 상태로 세상을 떠돌았다. 이는 돌이킬 수 없이 망가진 것으로 보이는 유대인 추방자들의 세계를 분명하게 반영한 것이었다.[19]

루리아의 추종자들은 온 세상에 스며든 신성한 불편함에 참여할 수 있는 의례를 만들어냈다. 그들은 밤중에 누워 잠을 자지 않고 연인처럼 하느님을 부르며 수많은 인간 고통의 핵심에 자리 잡고 있는 분리의 고통을 애달파했다. 그들은 시골로 오래 걸어 들어가 망명 중인 셰키나처럼 방랑했다. 하지만 루리

셰키나(shekinah) 지상에서의 '신의 현존'을 가리키며 랍비들이 자신들의 신 체험과 말로 표현할 수 없는 신의 실재를 구분하기 위해 사용한 말이다.

아는 자기 방종적 탐닉은 금물이라고 강하게 주장했다. 한밤의 의례는 늘 새벽에 셰키나와 신의 최종적 재결합을 묵상하며 끝났다. 또 추방을 겪은 유대인은 동정심을 품고 행동해야 한다는 것이 루리아의 주장이었다. 그래서 타인을 해치고 모욕한 것에 대한 속죄를 해야 했다.

앞으로 나아갈 길

이 장에서 우리는 〈창세기〉 첫 장에서 전해지는 고요한 이야기와는 사뭇 다른 창조 신화 몇 개를 탐사했다. 〈창세기〉에는 고통이나 투쟁이 없으며 하느님이 명령 여섯 개를 간단히 내리자 순종적으로 세상이 생겨났다. 그러나 방금 살펴본 다른 신화들에서 우리는 슬픔과 고통, 심지어 자해가 창조의 핵심에 있다는 것을 알게 된다. 프라자파티의 창조는 엉망이다. 창조 과정에서 자신을 폭파하는 바람에 신들(자신이 창조한 존재들)에게 다시 자신을 합쳐 달라고 청해야 한다. 《브라흐마나》가 우리에게 말해주는 바에 따르면, 그의 피조물은 지극히 허약하다. 일부는 두려워 그에게서 달아나고 일부는 기형으로, 눈이 먼 채로, 무능하게, 심하게 손상된 채로 창조되었다. 어떤 영향을 받았기에 이렇게 근본적으로 망가진 세계의 비전이 나왔는지 추측만 가능할 뿐이다. 당시 아리아인은 영토를 확장하고 있었고 곧 갠지스 분지에 강력한 왕국들을 건설한다. 그런데도 자신들이 손상된 세계에 살고 있다고 느꼈던 게 분명하다. 우리는 우리 자신이 자연 세계에, 또 서로에게 입힌 상처를 살피면서 이런 불안을 공유할 수 있다.

어쩌면 우리는 매일 우리 자신을 더 불안하게 만들어 다른 사람들과 환경 양쪽에 가해지는 고통을 생각하고 전쟁에 찢긴 예멘이나 소말리아의 망가진 삶, 아프리카에 널리 퍼진 빈곤, 로힝야 이슬람교도와 우크라이나 민중의 곤경을 숙고하며 시간을 보내야 할지도 모른다. 거의 매일 이주자들이 영국에서 피난처를 구할 희망으로 엉성한 보트에 목숨을 걸고 영국 해협을 건너다 죽기도 한다. 왜 우리는 부유한 몇몇 도시의 수치스러운 불평등에 더 고통스러워하지 않는가? 내가 살고 있는 런던은 세계에서 가장 부유한 도시로 꼽히지만 시민 가운데 4분의 1이 가난하게 사는 것으로 추정된다. 미국은 다른 어느 선진국보다 빈부 격차가 심하며, 지난 수십 년간 이런 부의 간극은 두 배 이상 벌어졌다.[20] 또 조지 플로이드 살해 뒤 인종주의에 반대하는 항의가 전 세계에서 격렬하게 벌어지고 있지만 우리 사회를 좀먹는 인종주의를 박멸하는 데 시간이 도대체 얼마나 걸릴까? 이런 질문들에 우리는 괴로워하지만 말고 사려 깊고 헌신적인 행동에 나서야 한다.

종교 전통들은 세상의 고통을 진지하게 사유할 것을 요구한다. 오늘날 우리는 흔히 종교가 우리에게 마음의 평화와 행복—크리스마스 캐럴에 나오는 '위로와 기쁨의 소식' 같은—을 가져다줄 것을 기대한다. 사실 크리스마스 이야기 자체가 미화되어, 아기 그리스도가 자비롭고 깨끗해 보이는 소나 나귀와 아늑한 마구간에 함께 있는 모습으로 제시되는 경향이 있다. 그러나 마태와 누가의 복음은 더 엄혹한 그림을 보여준다. 메시아는 가축우리 같은 집에서 태어나 피난민이 된다. 세상의 핵심에 자리 잡은 슬픔은 하느님의 자기 계시의 뿌리에 놓인 발작적인 흐느낌에 대한 이븐 알-아라비의 묘사에서 극적으로 표현된다. 종교는 우리가 늘 이 슬픔에 마음을 두되 그것에 억눌리거나 압도당하지 말고 동정심—즉 타자, 심지어 예수가 우리에게 일깨웠듯이 우리의 원수와도 함께 느끼는 능력—을 끌어낼 것을 요구한다. 동정심은 우리를 에고의 감옥에서 자유롭게 해주기 때문에 우리는 그것을 통해 우리가 하느님이라고 부르는 존재의 다름—신성함—을 경험할 수 있다.

물론 우리가 목격하는 고통은 우리의 믿음이 무엇이든, 또 믿음이 있든 없든 우리 모두를 괴롭히고 있다. 우리는 이 고통의 이미지를 숙고하면서 그것이 우리에게 불안을 일으키도록 놔 둘 필요가 있다. 그렇게 해야만 우리는 건설적 행동에 영감을 주는 동정심—다른 사람들과 '함께 느끼는' 능력—을 끌어낼 수 있기 때문이다.

5장
신이 되는 동물들

신성한 희생

고대 종교의 중심에는 동물 희생이 있다. 오늘날 우리는 그 것을 잔인하고 야만적이라 여기지만 우리 조상은 우리가 매일 도축장에서 짐승 수백만 마리를 아무렇지도 않게 도살하는 것 에 더는 아니더라도 똑같이 경악할 것이다. 고대 세계에서 사람 들은 제의에서 도살한 것이 아니면 보통 고기를 먹지 않았다. 희생제는 까다로운 종교적 예식을 통해 모든 참가자—희생되 는 동물도 포함하여—를 변화시키기 위해 기획되었는데 이 예 식은 세계적으로 형태가 놀랄 만큼 비슷했다.

우리가 희생 의례에 관해 아는 것 가운데 많은 부분은 인도 에서 나온다. 아리아인이 아직 소떼를 몰던 유목민이던 시절 그들의 희생제는 원래 시끌벅적한 일이었다. 그들 사회에서 부는 신들이 준 선물로 여겨졌기 때문에 제의는 신의 지원을 더 확보하기 위해 기획되었다. 신들은 동물의 가장 좋은 부위를 받는데 희생의 불인 아그니가 이것을 하늘로 전달했다. 그 뒤에는 시끌벅적한 연회가 열렸고 이어 모의 습격, 소란스러운 시합, 사격 경기가 잇따랐다.

그러나 기원전 9세기에 이르러 브라만 사제들이 개혁에 나서 제의에서 폭력을 많은 부분 체계적으로 제거했다. 이제 제물을 바치는 사람—보통 예식의 후원자—이 제의 무대에 참석하는 유일한 평신도였으며, 무대에서는 사제 네 명이 예식의 진행 과정을 안내했다. 예전의 시끌벅적한 시합들은 온건한 찬가와 정교한 상징적 몸짓으로 대체되었다. 또 동물의 복지에 대한 완전히 새로운 관심도 나타났다. 사실 《브라흐마나》는 동물 희생이 잔인하다고 솔직하게 비난하면서 가능하다면 마지막 순간에 짐승의 목숨을 살려 예식을 주관하는 사제 가운데 한 명에게 주라고 권했다. 하지만 꼭 죽여야 한다면 고통 없이, 또 최대한 희생물의 존엄을 유지하며 빨리 처리해야 한다고 이 책은 강조한다.

개혁이 이루어진 뒤 제의는 제물을 바치는 사람의 내적 세계에 초점을 맞추었다. 오래된 의례에서 그는 단순히 희생 동물에게 죽음을 강요할 뿐이었다. 새로운 예식에서는 동물의 죽음에 상징적으로 동화하여 하늘로 가는 제의화된 여행의 전 과정을 내적으로 경험하라는 가르침을 받았다. 하지만 이제 희생은 집중적인 준비가 필요했다. 제물을 바치는 사람은 제의화된 행동, 전례 도구, 찬가 하나하나가 신성한 특정 현실과 연결되어 있다는 것을 이해해야 했다. 그래서 희생 구역에 발을 들여놓기 전에 먼저 그를 변화시키기 위해 설계된 까다로운 제의를 잇따라 거쳐야 했다. 그는 이제 곧 하늘로 여행할 참이었기 때문에 일시적으로 신성해져야 했다. 이 과정은 몇 주, 심지어 몇 달이 걸릴 수도 있었다.[1] 제물을 바치는 사람은 세속적 세계와 분리되도록 특별히 세심하게 지은 오두막에 살아야 했다. 면도를 하고 머리와 손톱을 신들과 같은 모습으로 잘라야 했다. 그는 정화를 위해 몸을 깨끗이 닦는 목욕 의식을 거친 뒤 신의 삶을 시작한다는 표시로 아마포 옷을 입었다.[2] 신으로 다시 태어나기 위해서는 먼저 태아가 되어야 했다. 머리에는 태아의 양막을 닮은 베일을 쓴 채 주먹을 꽉 쥐고 자궁에 있는 태아의 움직임을 흉내 내서 걸어야 했다. 그러다 마침내 다음 단계로 나아갈 준비가 되었다고 여겨지면 그는 다시 태어났다. 이제 후원자는 신이 되었기 때문에 불결한 카스트들과는 접촉이 허락되지 않았다. 누구도 그의 몸에 손을 댈 수 없었으며, 그는 하늘로 가는 제의화된 여행을 할 준비가 끝날 때까지 우유만 마셔야 했다.

예식이 거행되는 날 제물을 바치는 사람은 첫 희생을 거행한 창조의 신 프라자파티와 하나가 되었다. 그는 프라자파티의 희생을 재연하여 필멸의 세속적 세계를 버리고 신의 질서로 들어갔다. 그래서 그는 선언할 수 있었다. "나는 천국을, 신들을 얻었다. 나는 불멸이 되고 있다!" 그러나 이 선언은 단지 거행되는 의례를 통과하는 문제가 아니었다. 후원자와 신들 사이의 연결, 하늘과 땅의 연결은 정신적 노력의 집중을 통해 이루어졌다. 이것은 제의화된 요가, 즉 "다양한 현실을 한데 '얽어매는 것'"이었다.[3]

동물 제물을 마지막에 살려주지 않는 경우에는 제의에 따른 목욕을 시키고 동물에게 희생에 동의하느냐고 공식적으로 물었다. 동물이 차분한 상태를 유지하도록 아주 공손하게 말을 걸고 예식을 통해 찬양하고 격려했다. 마지막에 동물을 말뚝에 묶었다. 마실 물을 주고 다시 목욕을 시키고 머리에 버터를 발랐다. 마침내 아그니를 대변하는 사제가 불에서 횃불을 뽑아들고 동물 주위를 세 바퀴 돈 다음 제물을 축성하고, 동물의 성스러운 지위에 어울리도록 시중드는 사람들한테서 떨어진 곳에 따로 두었다. 신이 된 후원자는 이제 제물이 자신과 신들과 하나가 되었기 때문에 제물을 끌어안기도 했다. 과거의 의례에서는 동물의 죽음의 죄를 다른 참가자들에게 전가할 수 있었지만 이제는 상징적으로 제물이 되는 동물과 하나가 됨으로써 동물의 죽음을 자신의 존재 안으로 가져왔다. 그리고 자신을 신들에게 바침으로써 동물과 마찬가지로 자신도 불멸을 경험하게 될 것이라고 믿었다. "제물을 바치는 자는 스스로 제물이 됨으로써 죽음으로부터 자유로워진다."[4] 《브라흐마나》는 그렇게 설명한다.

두려운 순간이 다가오면 희생이 되는 동물의 용서를 구하고 그 종의 다른 무리에게는 인간에게 복수하지 말 것을 간청했다. 제물을 살며시 움직여 정확한 위치에 놓고 모두 입을 다물었다. 주재하는 사제가 고개를 돌리고 제물을 달래는 만트라를 읊은 다음 제물을 바치는 사람에게 명령하면 그는 동물의 영이 떠날 때까지 목에 두른 올가미를 조였다.

도살된 뒤 이제 세속적인 세상에서 해방된 제물은 성화되었다. 그 생명 없는 몸은 거룩한 힘으로 가득하다고 믿어 매우 존중하여 다루었다. 해체된 유해는 제단에 놓았다. 특별한 부위는 신들을 위해 떼어 두고 나머지는 예식에 참석한 모든 이에게 나누어주었다. 그런 다음에는 참석자 모두 세속적 세계에 안전하게 돌아갈 수 있도록 신성화된 것을 꼼꼼하게 제거했다. 네 사제와 제물을 바치는 후원자 부부는 제의화된 방식으로 손을 씻어 서로 정화하고 난 뒤 새 옷을 입고 세속적 정체성을 다시 이어 나갔다.

한편으로 희생제는 이제 불에 태워질 동물의 운명을 움츠러들지 않고 똑바로 보고 그 동물에게 최대한 존엄을 부여하려는 시도였다. 그러나 그 핵심에는 중요한 역설이 있었다. 고양된 삶은 제의적으로 신성화된 죽음에서 나온다는 것이다. 《리그베다》에 실린 후기의 찬가는 세상의 모든 다양성이 한 신의 자기희생에서 나왔다고 주장한다. 우리는 신성한 '인간' 푸루샤*가 "존재하는 모든 것, 존재했던 모든 것, 존재할 모든 것"의 원천이라는 말을 듣게 된다. 그는 하늘과 땅의 주인일 뿐 아니라 만유에 현존한다. "그는 사방으로 펼쳐져 살아 있는 것과 살아 있지 않은 것 모두에게 들어간다." 찬가는 푸루샤가 차분하게 희생 구역으로 걸어 들어가 새로 흩뿌린 풀에 누워 신들이 우주를 움직일 제물로 자신을 죽이는 것을 허락한다고 묘사한다.

푸루샤(purusha) 세상이 생겨나도록 하기 위해 신들 앞에 스스로 희생한 태초의 인간을 가리킨다.

실제로 푸루샤가 바로 우주이며, 따라서 우주는 그 자체로 성스럽다. 존재하는 모든 것은 그의 주검으로부터 나온다. 하늘과 땅, 해와 달, 동물과 인간, 베다 사회의 네 계급도 마찬가지다.

그의 입은 브라만이 되었다. 두 팔은 전사가 되었다. 허벅지는 민중이 되고 그의 발에서 종들이 태어났다.[5]

후기 전승에서 푸루샤는 프라자파티와 합쳐지며 마침내 궁극적 실재인 브라흐만이 된다.

인도 신화는 세상을 창조한 것이 지배나 힘이나 공격이 아니라고 말해준다. 창조, 나아가서 창조성 자체가 케노시스(kenosis, 에고의 정화)에서 나온다. 하지만 우리 자신을 어떻게 버리는가? 우리는 아리아 사제들이 매일 불의 제단을 쌓아 상징적으로 자신의 몸과 우리 세계를 재구축하여 프라자파티의 이야기를 제의적으로 재연하는 것을 보았다. 그러나 아리아 주민 가운데 극히 소수만 이런 정교한 의례에 참여할 수 있었다. 그래서 사제들은 보통 사람들을 위해 '다섯 가지 큰 희생(pañca-mahāyajñas)'이라고 알려진 예배를 만들어냈다. 이것은 누구나 언제라도 수행할 수 있는 간단한 예식이었다.[6] 이 예식은 힌두 생활의 중심이 되어 민중이 동정, 감사, 인간과 자연 세계에 대한 실천적 관심으로 이루어진 습관화된 태도를 계발할 수 있었다.[7] 첫째, 사람들은 배고프고 병든 동물을 위해 바깥에 먹을 것이 든 작은 그릇을 매일 내놓았다.[8] 둘째, 초대했건 아니건 찾아오는 모든 사람을 환영하고 신인 양 받들며 그가 더 먹을 수 없을 때까지 먹였다.[9] 세 번째와 네 번째 제의는 쌀이나 곡물이나 과일로 간단한 제물을 만들어 가족의 불에 던짐으로써 매일 사랑과 공경을 담아 죽은 자와 데바들을 기억하는 것이었다. 마지막 제의는 매일 경전을 공부하는 것이었다. 조용한 곳에 가부좌를 틀고 눈을 감거나 지평선에 시선을 고정한 채 간단한 찬가를 작게 암송하여 정신을 집중하는 것이었다.

앞으로 나아갈 길

5장은 종교가 노력임을 일깨워준다. 종교의 제의는 우리 내부에 심오한 변화를 일으키려고 설계되었다. 종교적 제의는 변화를 일으키는 사건이어야 한다. 아무리 경건하게 임한다 해도 그냥 동작을 이어 가는 일일 수는 없다. 거룩함은 우리의 삶, 나아가 우리의 자아 자체를 바꿀 것을 요구한다. 제물을 바치는 사람은 불편한 오두막에서 몇 달을 보내면서 부담스럽고 불편한 의례를 거친 뒤에야 신전 희생제를 거행하는 것이 허용되었고, 이 자체도 강렬한 집중을 요구했다. 제의는 심오한 수준에서 참가자들에게 부담을 주었고 의례를 제대로 준수하면 어떤 식으로든 그들의 마음이 바뀔 것이라고 주장했다.

그러나 우리 대부분은 종교적 제의를 이렇게 생각하지 않는다. 우리는 종종 제의를 위로를 주는 익숙하고 부담 없는 것으로 경험한다. 그러나 현재의 환경 위기와 마주하고 있는 우리에게 요구되는 것은 바로 과거의 종교 제의다. 우리는 자연에 대한 태도를 다시 형성해야 하며 여기에는 희생이 포함된다. 우리는 이제 전처럼 태평하게 비행기를 타지 못하고 차를 몰지 못하고 석탄을 땔 수 없다. 미래에도 존속할 세계를 원한다면 우리 내부에서 자연에 대한 새로운 경의를 깨워야 한다. 희생제를 드리는 사람이 보잘것없는 양을 성스럽게 여기게 되는 것과 마찬가지다. 우리는 정신과 마음의 근본적 변화를 경험하지 않으면 우리 행성을 구할 수 없는데, 이런 변화는 부담스러울 수밖에 없다. 이런 변화는 하룻밤 새에 일어날 수 없다. 우리도 공경하는 마음으로 자연 만물을 보는 법을 배워야 하는데 여기에는 지속적인 노력, 마음의 진정한 변화, 규율과 헌신이 필요하다.

'다섯 가지 큰 희생'은 우리가 이 장에서 생각해본 거창한 희생 드라마와는 거리가 멀어 보인다. 그러나 이 제의는 희생이라는 개념 전체에서 중요하고 본질적인 것을 가리킨다. 희생(sacrifice)이라는 말은 라틴어 사크리피시움(sacrificium)에서 왔는데, 이 말은 '거룩하게 만들다'라는 의미이며 성스럽다(sacred)라는 말과 아주 오래된 라틴어 조상을 공유한다. 따라서 '희생'은 단지 제물의 도살만 가리키는 것이 아니다. 문자 그대로의 의미는 '성화한다' '거룩하게 만든다'이다. 동물이든 사람이든 대상의 축성이나 신성화에 초점이 맞추어져 있다. 힌두교도는 아주 평범한 방문자를—어떤 방문자든—성스럽게 여기고 그가 신인 것처럼 받들라고 배웠다. 실제로 우리가 방금 생각해본 정교한 드라마에서 동물 제물의 죽음은 약간 김 빠지는 결말이다. 그러나 그런 결말은 제의에서 짐승을 성스러운 존재로 기려 그 짐승이 사제 가운데 누구도 감히 직접 말을 걸지 못할 만큼 거룩해진 뒤에야 찾아왔다. 마찬가지로 후원자도 최종적으로 동물을 도살하는 것보다 자신을 신성한 존재로 변화시키는 데 훨씬 많은 시간과 노력을 들였다.

어쩌면 우리도 우리 나름의 '다섯 가지 큰 희생'을 만들고 그것을 우리 일상생활과 결합해야 할 것이다. 매일 우리가 만나는 모든 자연물과 사람의 신성함을 우리 마음속에서 기리려 해야 한다. 아마 매일 실패할 것이다. 그러나 우리가 만나는 각 사람이 신성한 신비이며 각 동물이나 식물이 그 나름의 유일무이한 존엄과 아름다움을 지녔음을 알기에 그때마다 우리는 다시 시작하려고 노력해야 한다. 만물을 친절과 공경으로 대해야 한다.

6장
에고에서 풀려나기

케노시스

푸루샤가 희생의 무대로 차분하게 걸어 들어가 신들이 자신을 죽이도록 허락하여 우주가 생겨나게 할 수 있었던 것은 그리스인이 케노시스, 즉 자기 '비움'이라고 부른 것의 고전적 표현이다. 아주 이른 시기부터 케노시스는 민중의 영적 삶만이 아니라 세계 질서 전체에도 핵심적이라고 여겨졌다. 그러나 근대 세계에서 에고를 버리는 것은 인기 있는 덕목이 아니다. 오히려 정치가나 사업가, 심지어 종교 지도자도 자기주장을 힘과 용기와 지성의 표시로 귀중하게 여기는 듯하다. 환경주의자조차 우리를 생태적 재앙에서 구하고자 하는 열렬한 마음 때문에 성난 태도, 심지어 폭력에 의존한다. 하지만 마하트마 간디, 마틴 루서 킹, 넬슨 만델라 같은 인기 있는 인물들에게서 케노시스를 볼 때 그것을 귀하게 여기는 것도 사실이다. 케노시스는 제대로 이해하면 자기중심주의의 파괴적 속박과 맹목으로부터 우리를 해방해준다. 자신을 새롭게 이해하고 주변 세계를 전과 다른 눈으로 인식할 길을 열어준다.

〈창세기〉 1장은 이스라엘의 하느님 야훼를 자비로운 창조주로 묘사한다. 야훼는 우주를 만들어내기 위해 무시무시한 전투를 할 필요가 없고 자신의 창조물을 완벽하게 지휘하고 있다. 자신이 만든 모든 것을 축복하고 그것이 "좋다"고 선포한다. 이런 우주 기원론은 아마 기원전 6세기 말 예루살렘과 성전이 파괴된 뒤 바빌로니아로 추방당한 이스라엘인이 만들었을 것이다. 그곳에서 이스라엘인은 매년 메소포타미아의 신 마르두크가 다른 신들과 잇따라 전투를 치른 뒤 세상을 창조한 것을 기념하는 제의 행렬을 보았을 것이다. 이스라엘인은 자신들의 신 야훼가 훨씬 강하다고 도전적으로 주장했다. 야훼는 우주를 창조할 때 몇 마디 하기만 하면 그만이었다.

그러나 이 창조 이야기는 우리가 논의해 온 또 다른 우주론과는 사뭇 다르다. 다른 우주론에서 창조는 외부 신의 힘으로 이루어진 것이 아니라 만물의 내부에서 쉼 없이 은근하게 작용하는 역동적 힘으로 이해되었다. 다른 곳에서 살아가는 사람들은 만유 ― 인간·동물·식물·광물 ― 가 조화를 이루어 자기를 생성하는 신비한 과정에 참여하는 우주를 묵상했다.[1] 이빨과 발톱이 시뻘건 다윈주의적 우주나 지배를 노리는 무한 경쟁의 결과물 대신 우리는 만물이 창조적·자발적으로 서로에게 '양보'하는 끝없는 케노시스를 만나게 된다. 인도에서 데바들은 우주를 탄생시킨 뒤, 자연 세계를 벗어나 높고 우월한 위치에서 땅의 사건을 관찰할 수 있는 천국으로 떠나지 않았다. 그들은 자신의 창조물 속에 머물며 "자신의 감추어진 본성을 통해 이 세상에 들어왔다."

케노시스는 도(道)에서 분명하고 풍부하게 나타나는데, 노자의 설명에 따르면 도는 개별적인 '것'이 자기 자신이 될 수 있게 해주는 역학이며 자연 세계 전체에 스며든다. 이런 창조력은 아무런 힘을 가하지 않는다.

> 그들에게 생명을 주지만 소유를 주장하지 않고
> 유익을 주지만 감사를 구하지 않고
> 이끌지만 권위를 행사하지 않는다.
> 이러한 것을 신비한 덕(德)이라고 부른다.[2]

성인은 지속적 케노시스를 거쳐 의도적으로 자신을 자연과 일치시킨다.

이를 따라 성인은 자신을 뒤에 놓음으로써 자연스럽게 앞으로 나온다.

그는 바깥에 머물지만 그렇기 때문에 늘 거기 있다.

그가 그렇게 자신의 자아를 확립하는 것은 에고를 소유하지 않기 때문이 아니겠는가?[3]

도가 그렇게 힘을 발휘하는 것은 힘으로 다스려서가 아니라 오히려 약해 보이기 때문이다. 마찬가지로 성인은 완벽한 사람이며 에고의 모든 흔적을 지우기 때문에 도의 화신이다.

따라서 성인은 '그 하나'를 끌어안으며 하늘 아래 만물의 모범이 된다.

그는 자신을 드러내지 않고 그래서 눈에 띈다.

그는 자신이 옳다고 생각하지 않고 그래서 빛난다.

그는 으스대지 않고 그래서 가치가 있다.

그는 자랑하지 않고 그래서 오래 간다.

그는 다투지 않고 그래서 세상 누구도 그와 다툴 수 없다.[4]

이성은 우리를 오만하고 경직된 사람으로 만들 수 있고, 욕망은 우리를 폭력적이고 이기적인 사람으로 만들 수 있다. 반면 도교의 이상은 우리가 에고를 버리고 자연 세계에서 표현되는 케노시스를 모방하는 데 있다. 그러면 우리는 케노시스가 힘을 북돋아준다는 것을 알게 된다. 케노시스는 우리가 사물과 불화하는 대신 사물이 놓인 방식과 진정으로 일치하게 해주기 때문이다. 에고가 없다고 해서 성인에게 감정이 없다는 뜻은 아니다. 성인도 다른 모든 사람과 마찬가지로 분노와 슬픔을 경험하지만 그의 핵심에는 동요하지 않는 무언가가 있고 이것이 그에게 신비한 힘을 준다.

하지만 어떻게 이렇게 자기가 없는 내적 상태에 이를 수 있을까? 붓다는 아나타*라고 부르는 수행을 옹호했는데 붓다의 제자들 다수가 아나타를 거쳐 깨달음에 이를 수 있었다. 붓다는 종종 감정이 요동치며 한쪽 극단으로 달려갔다가 다른 쪽 극단으로 달려가는 것에 주목하라고 제자들에게 말했다. 욕망과 공포는 우리 마음을 통해 흐르지만 금세 증발하는 경향이 있다. 욕망은 왔다가 사라진다. 어제는 그렇게 중요했던 것이

___

아나타(anatta) '무아(無我)'. 항상적이고 안정되고 분리된 인격의 존재를 부정하는 불교 교리이며, 자아가 존재하지 않는 것처럼 살도록 권장하려고 만든 것이다.

오늘은 그다지 긴급해 보이지 않는다. 따라서 우리가 우리 자신에게 정직하다면 인정해야 한다. "이것은 내가 아니다. 이것은 진정한 내가 아니다. 이것은 나 자신이 아니다."5) 붓다는 우리가 인격이라고 부르는 것을 타오르는 불이나 빠르게 흐르는 내(川)에 비유하기 좋아했다. 어떤 형태가 있기는 하지만 각 부분은 순간마다 변하기 때문이다. 붓다는 인간의 마음을 가지하나를 잡았다 놓고 다른 가지를 잡으며 숲을 돌아다니는 원숭이에 비유했다. 붓다는 앉아서 이런 기분 변화를 차분하게 관찰하면 그것이 사실은 얼마나 덧없는지 보이기 시작할 것이라고 수행자들에게 말했다.

붓다는 제자들에게 복잡한 철학적 통찰이나 신경학적 증거를 제시하지 않았다. 이 가르침은 실천적인 행동 요구였으며 많은 사람이 그 이후 이 방법이 도움이 된다는 것을 깨달았다. 붓다는 마치 에고가 존재하지 않는 것처럼 행동하라고 제안했다. 자기를 계속 생각하면 '나'와 '나의 것'이라는 자기중심적 관념과 도움이 되지 않는 마음 상태—질투, 자만, 과대망상, 오만, 심지어 폭력—에 이르게 된다. 그런 탐욕스럽고 겁 많은 에고는 타인만이 아니라 자신에게도 큰 해를 준다. 붓다가 가르침을 시작하면서 다섯 수행자에게 처음 아나타 개념을 설명하자 수행자들은 안도하고 기뻐했다. 그들은 마치 자기가 존재하지 않는 것처럼 살려고 노력했고 그러면 더 행복해진다는 것을 알았다. 지위에 대한 걱정이나 욕구나 욕망을 벗어나 살면 해방에 이를 수 있다. 그렇게 되면 우리는 훨씬 나아진다는 느낌을 받고 더 풍부하고 완전한 존재 양식으로 들어간다. 이 과정은 경험적으로 증명될 수 없다. 아나타의 진리를 발견하는 유일한 길은 그것을 실행에 옮기는 것이다.

케노시스는 기독교가 출발할 때부터 예수의 삶과 죽음을 이해하는 핵심이었다. 성 바울은 예수의 십자가 처형이 있고 나서 약 25년 뒤 필립비에 사는 개종자들에게 보내는 편지에서 초기 기독교 찬송가의 한 구절을 인용했다. 성 바울이 필립비 교인에게 한 말에 따르면, 예수는 신의 본성을 체현했지만 그것을 자랑하지 않았다.

오히려 당신의 것을 다 내어놓고(heauton ekenosen)
종의 신분을 취하셔서…
이렇게 인간의 모습으로 나타나
당신 자신을 낮추셔서 죽기까지,
아니, 십자가에 달려서 죽기까지 순종하셨습니다.[6]

하느님이 예수를 가장 높은 천국으로 들어 올려 키리오스(Kyrios, '주')라는 최고의 칭호를 부여한 것은 자기를 지우고 잔혹한 죽음을 받아들였기 때문이다. 여기에서 성 바울은 필립비 사람들에게 구속(球贖)이라는 기독교 교리를 가르치는 것이 아니다. 그 교리는 훨씬 나중에 정리된다. 이 구절은 신학적 교리가 아니라 필립비 사람들이 자신의 삶에서 케노시스를 실행해야만 이해할 수 있는 진리였다. "여러분은 그리스도 예수께서 지니셨던 마음을 여러분의 마음으로 간직하십시오." 성 바울은 필립비 사람들에게 그렇게 말했다. 그들 또한 마음에서 자기중심주의와 이기심과 자만심을 비우고 "같은 생각을 가지고 같은 사랑을 나누며 마음을 합쳐서 하나가 되"어야 한다.[7]

무슨 일에나 이기적인 야심이나 허영을 버리고 다만 겸손한 마음으로 서로 남을 자기보다 낮게 여기십시오. 저마다 제 실속만 차리지 말고 남의 이익도 돌보십시오.[8]

필립비 사람들은 이렇게 자기를 버리는 방식으로 타인을 존중하고 섬길 때만 예수의 케노시스의 의미를 이해하고 스스로 '하느님의 자녀'로서 고양된 삶을 경험할 것이다. 나중에 기독교인은 정통성이나 올바른 가르침의 수용을 중시하게 되지만 성 바울에게 종교의 핵심은 케노시스와 사랑이었다. 산을 옮길 만한 믿음이 있다 해도 늘 자기중심주의를 초월할 것을 요구하는 사랑이 없으면 그 믿음은 가치가 없다. 그는 자신의 편지를 읽는 사람들에게 그렇게 말했다. "사랑은 … 자랑하지 않습니다. 사랑은 교만하지 않습니다. 사랑은 무례하지 않습니다. 사랑은 사욕을 품지 않습니다. 사랑은 성을 내지 않습니다. 사랑은 앙심을 품지 않습니다."[9] 사랑은 자기에 대한 부풀려진 느낌에 필사적으로 집착하는 것이 아니라 '텅 빈'―케노시스 상태―것이고 타인을 무한히 존중하는 것이다.

서기 70년에서 110년 사이에 기록된 네 복음서는 모두 각기 다른 방식으로 성 바울의 영향을 받았다. 복음서들은 예수가 매춘부, 나환자, 간질병자, 미움받는 로마의 세리(稅吏)에게 사랑으로 손을 내밀었다고 묘사한다. 동정심을 실행에 옮기고 굶주린 자에게 먹을 것을 주고 병들고 갇힌 자를 찾는 사람이 하느님 나라에 들어갈 수 있었다. 예수는 심지어 자신을 따르는 사람들에게 원수를 사랑하라고 명령했다.

너희가 너희를 사랑하는 사람들만 사랑한다면 무슨 상을 받겠

---

* 〈마태복음〉〈마가복음〉〈누가복음〉〈요한복음〉을 가리킨다.

느냐? 세리들도 그만큼은 하지 않느냐? 또 너희가 자기 형제들에게만 인사를 한다면 남보다 나을 것이 무엇이냐? 이방인들도 그만큼은 하지 않느냐? 하늘에 계신 아버지께서 완전하신 것같이 너희도 완전한 사람이 되어라.[10]

"원수를 사랑하라"는 역설은 가장 급진적인 케노시스를 요구한다. 아무런 보답의 희망도 없는 상황에서도 자비를 베풀라는 말이기 때문이다.

서기 7세기 예언자 무함마드는 자신의 고향인 아라비아반도 서부 히자즈 사람들에게 신으로부터 영감을 받아 쓴 경전 쿠란을 주었다. 쿠란은 새로운 신의 계시라고 주장하지 않았다. 과거에 하나의 진정한 종교가 여러 경쟁적 종파로 나뉘기 전 하느님이 예언자들에게 준 메시지를 다시 전할 뿐이었다. 이슬람교도의 핵심적 덕목 가운데 하나가 케노시스였다. 히자즈 사막에 사는 아랍인은 자족적이고 자부심이 있고 쇼비니즘적인 사람들이었다. 하지만 무함마드는 쿠란에 기록된 계시를 받기 몇 년 전부터 부인 카디자와 함께 매년 메카 외곽에 있는 히라산으로 쉬러 갔으며, 그곳에서 가난한 사람들을 구제하고 알라 앞에 깊이 엎드리는 행동이 포함된 예배 의식을 거행했다.[11] 모든 인간은 자신들의 창조주인 신에게 의존하고 있다. 무함마드는 초기 추종자들에게 말했다. 알라는 사람들이 자신에게 다가오기를 바라지만 오만하게 오는 것은 바라지 않는다. "머리를 땅에 대라!"[12] 신은 명령했다. 이것은 오만한 메카인은 아주 싫어하는 자세였다.

이런 계시는 호전적인 시장 경제를 받아들이면서 전통적인 부족의 평등을 포기한 도시 내부의 단층선을 드러냈다. 무함마드의 개종자들은 새로운 경전의 절묘한 아름다움에 깊이 감동했는데, 경전은 그들에게 개인 재산을 쌓는 대신 부를 공정하게 나누라고 요구했다. 그러나 사회 개혁을 위해 일하는 것만으로는 충분하지 않았다. 무함마드는 내면의 변화 없는 변화는 피상적이라고 가르쳤다. 신을 믿는 사람은 케노시스의 태도를 계발하여 가난하고 궁핍한 사람을 돌보고 노예를 풀어주고 하루에도 작은 은혜를 셀 수 없이 베풀면서 마음에서 이기심과 오만을 씻어내야 한다.

하루 중 정해진 횟수대로 살라트(salat, '집단 기도')를 하는 것이 가장 중요했다. 이 의식은 일상 업무를 중단시켜 알라가 우선임을 이슬람교도가 기억하는 데 도움을 주었다. 기도를 할 때는 엎드려야 했다. 머리를 바닥에 대는 절은 메카의 오만한 고급 귀족에게는 어려운 행동이었지만 그들도 노예처럼 땅바닥에 엎드려야 했다. 이슬람(islam)이라는 말은 '굴복한다'라는 뜻인데 이 말은 특히 에고의 굴복을 뜻한다. 이슬람교도(muslim)는 이렇게 실존적으로 자기를 포기한 사람이다. 신체의 움직임은 우리의 의식과 인식을 규정한다. 하루에 다섯 번 실행하는 이 엎드림은 이슬람교도에게 이성적인 수준보다 깊은 곳에서 매일, 매시간 케노시스로 에고를 버리라고 가르쳤다.

앞으로 나아갈 길

근대 세계에서 우리는 성취를 귀하게 여기고 우리 자신과 우리의 의견을 내세우고 우리 자신을 계속, 때로는 매우 공격적으로 홍보하라고 배운다. 실제로 여기에는 가치가 있다. 1960년대에 어린 수녀였던 나는 겸손의 습관을 계발하라는 말을 반복해서 들었다. 우리는 형식을 갖춘 사과 양식에 따라 땅에 입을 맞추어야 했고 모두가 보는 앞에서 자신의 많은 약점에 대해 끝도 없이 질책을 들어야 했다. 그러나 이것은 케노시스, 즉 자기 '비우기'가 아니었다. 자신을 잊는 대신 신경이 곤두서서 오히려 자신을 의식하게 되었기 때문이다. 우리는 초월해야 하는 에고에 도착적으로 처박혀 있었다.

우리가 논의한 창조 신화들은 케노시스가 세계 질서의 핵심에 있고 이것이 진정한 영성의 핵이라고 주장한다. 장자는 안회가 스승인 공자에게 자신의 영적 발달에 진전이 있다고 알렸다는 이야기를 전한다. "어떻게?" 공자가 묻자 안회는 제의와 음악, 자비와 공정함에 관해 스승이 가르쳐준 것을 모두 잊었기 때문이라고 대답했다. 그뿐만이 아니다. 안회는 계속해서 주장했다. "나는 앉아서 모든 것을 잊을 수 있습니다. … 몸이 무너지고 지성이 망가지도록 내버려 둡니다. 형식을 던지고 이해를 버립니다. 그런 다음 자유롭게 움직여 나가 기(氣) 속으로 섞여 듭니다."[13] "그런 식으로 섞여 들면 좋아함과 싫어함에서 자유로워지겠구나." 공자는 놀라서 소리쳤다. "결국 여기에서 진정한 성인은 그대로다! 그러니 이제부터는 내가 그대를 따르는 것도 괜찮겠구나." 안회가 자신을 넘어섰다고 선언할 때 보여준 겸손은 공자 또한 케노시스를 실천했고 성인이 되는 길로 한참 나아갔음을 보여준다.

도교에서는 케노시스를 진정한 힘의 원천으로 보지만 우리는 종종 정반대를 구한다. 우리는 우리 자신을 섬기는 데 유능한 전문가며 그 과정에서 우리의 의지를 타인과 자연에 강제하여 종종 끔찍한 결과를 초래하기도 한다. 우리 가운데 다수는 열심히 어떤 종류의 영적 깨달음에 이르려 하지만 이 깨달음이 우리가 그렇게 바쁘게, 또 머리를 짜내며 보존하고 홍보하려 하는 자기의 상실을 동반한다는 사실을 깨닫지 못하는 경우가 많다. 붓다는 니르바나에 이르기 직전, 아주 어렸을 때 다른 존재 양식에 대한 암시를 얻은 순간을 기억하면서 이 점을 깨달았다. 붓다의 아버지가 새 작물을 심기 전 밭을 가는 의식을 구경하러 어린 붓다를 데리고 나갔다가 유모들에게 맡겼는데 유모들은 작물을 심는 것을 보느라 그를 버려 두었다. 혼자 남겨졌다는 것을 알게 된 붓다는 쟁기질을 할 때 어린 풀이 뜯겨 나가고 벌레와 알이 죽는 것을 보았다. 붓다는 가까운 가족이라도 살해당한 것처럼 이상한 슬픔에 가득 찼다. 그러나 날은 아름다웠고 그의 마음속에서 찾지도 않은 순수한 기쁨이 솟아났다. 이 갑작스러운 동정(同情)의 분출에서 붓다는 엑스타시스(망아 상태)를 경험했다. 한순간에 자연스럽게 동정이 나타났고 이 동정심이 붓다를 자기를 넘어선 곳으로 데려가 저급하고 하찮은 피조물의 고통이 그의 심장까지 뚫고 들어오게 해주었다. 아무런 가르침이 없었는데도 어린 붓다는 본능적으로 요가 자

세를 잡고 앉아 보통은 오직 수준 높은 요가 수행자들만 다가
갈 수 있는 무아경의 차분한 행복을 느꼈다.

요가가 처음 탄생할 때 핵심은 마음의 평화나 고양된 집중
력을 얻는 것이 아니었다. 핵심은 케노시스였다. 이와 비슷하게
중국 철학자들도 제자들에게 삶의 자연스러운 박자에 욕망과
행동을 굴복시키라고 가르쳤다. 히브리 예언자들은 다른 사람
들에게 관심을 가지면서 하느님의 뜻에 굴복하라고 주장했고
예수는 자신을 따르는 사람들에게 영적 삶이 자기의 죽음을 요
구한다고 말하곤 했다. 밀알 하나는 땅에 떨어져 죽어야 열매
를 맺는다. 마찬가지로 요가를 고안한 현자들은 자기중심주의
가 성스러운 존재를 경험하는 데 가장 큰 장애임을 깨달았다.
따라서 요가는 우리의 세계관을 왜곡하는 자기중심주의를 체
계적으로 해체하는 것이라고 묘사할 수도 있다. 붓다는 어린아
이였을 때도 본능적으로 다른 존재들—이 경우에는 들에서 쟁
기질하는 동안 무정하게 죽임을 당한 벌레들—에 대한 동정에
사로잡혀 자기를 버렸을 때 무슨 일이 벌어지는지 이해했다.
그날 시간이 흐르면서 나무들의 그림자는 움직였지만 개복숭
아나무의 그늘은 움직이지 않고 명상하는 아이를 햇빛에서 계
속 가려주었으며 돌아온 유모들이 그 장면을 보고 깜짝 놀랐

다. 어린 붓다의 감정 이입은 그를 요가 경험의 핵심으로 이끌어주었다.

우리는 요가에서 이루어지는 자기중심주의의 근본적 근절을 이룰 준비가 되어 있지 않을 수도 있다. 자기중심주의를 끊어내는 것은 전문가의 지도가 필요한 긴 과정이다. 그러나 '완성된 인간'의 삶에서 중심을 이루는 케노시스를 일깨워주는 간단한 연습을 할 수는 있다. 이것은 기도가 아니다. 단지 우리 인간성의 본질적인 허약함을 짧고 날카롭게 일깨워주는 것이며 우리가 자신을 있는 그대로 보게 해주고, 바라건대, 개선해줄 수 있다. 매일, 아침저녁으로 단 몇 분 동안 세 가지를 생각한다. 우리는 얼마나 작은가. 다른 존재에게 친절을 베풀지 못하는 일이 얼마나 많은가. 너무도 자주 자기에서 시작해서 자기에서 끝나고 마는 우리의 욕망과 갈망은 얼마나 협소한가.

7장

"자연은 기적이다"

감사

2020년 가을 대영박물관에서 북극 문화를 다룬 매혹적인 전시회가 열렸다. 북극의 엄혹한 기후에도 불구하고 그곳 사람들은 자연에 감사하는 마음이 가득해 보였고 그들의 관습과 제의가 가혹한 계절의 순환을 기념한다는 것을 알게 되자 흥미를 느꼈다. 이상한 말이지만 아라비아의 무더운 사막이 떠올랐다. 유대교와 기독교에서는 자연이 두드러지게 등장하지 않지만 이슬람에서 자연은 쿠란에 맞먹는 신의 계시다. 사실 쿠란의 주요 목표 하나가 이슬람교도에게서 창조물 안에 신이 현존한다는 의식을 깨우는 것이다.

쿠란의 모든 구절은 신이 주는 아야(ayah), 즉 '징표'라고 일컬어진다. 그러나 자연의 모든 현상도 마찬가지다. "보이지 않는가?" 쿠란은 끈질기게, 거의 믿을 수 없다는 듯이 묻는다. "자연의 특별한 풍요를 생각해본 적이 없는가?"[1] 이 말은 최초의 이슬람교도에게는 분명히 괴상하게 들렸을 것이다. 7세기 초 쿠란이 무함마드에게 계시되었을 때 히자즈의 아랍인 대부분은 자연 세계를 별로 좋아하지 않았다.[2] 아라비아의 가차 없이 엄혹한 기후는 이곳 사람들이 먹고사는 데 식량이 충분했던 적이 없다는 뜻이었으며 실제로 이들은 늘 영양실조 직전 상태에서 살았다. 그러나 쿠란의 주장으로는 놀랍게도 자연이 알라의 최고 기적이다. 이슬람교도는 자연을 당연하게 여기지 않아야 한다. 매일 분명하게 나타나는 신의 관심과 동정의 특별한 '징표'를 인식하도록 애써야 한다. "인간에게 자신의 음식을 바라보게 하라!" 하느님은 요구한다. "우리가 물을 풍부하게 내려주고, 대지에 적당히 갈라진 틈을 만들어서 그곳에 곡식이 자라도록 하며, 포도와 야채와 올리브와 대추야자와 울창하게 우거진 벽으로 둘러싸인 과수원과 과일과 목초가 자라게 하여 너희와 너희 가축이 먹게 하노라."[3]

비이슬람교도가 쿠란의 매력을 이해하기는 어렵다. 쿠란은 번역문으로 보면 산문적이고 짜증 날 정도로 반복적이고 구조나 조직화된 서사가 심각하게 결여된 것처럼 보이는 경우가 많기 때문이다. 그러나 쿠란(Qur'ān)이라는 말 자체가 '독송'이라는 뜻이다. 쿠란은 혼자 읽기보다는 큰 소리로 독송하도록 기획된 경전이며, 따라서 단어의 소리가 의미의 핵심적인 한 부분이었다. 7세기의 아라비아에서 시는 중요한 예술이었으며 아랍인의 귀는 비평적으로 매우 세련되게 발전했다.[4] 그러나 쿠란의 언어는 첫 이슬람교도가 귀로 듣기에 관습적인 아랍 시와 사뭇 달랐다. 사람들은 쿠란에서 주제, 단어, 구절, 소리 패턴의 반복을 발견했다. 마치 한 곡의 음악에서 최초의 선율을 은근히 증폭하면서 복잡성을 켜켜이 쌓아 가는 변주 같았다. 쿠란의 풍부한 암시적 언어와 박자는 이슬람교도가 정신 진행을 늦추고 의식의 다른 차원으로 들어가는 데 도움을 주었다. 회중이 독송자의 호흡에 자신의 호흡을 맞추는 것은 자연스러운 일이었는데 이렇게 하면 마음이 진정되는 효과가 있을 뿐 아니라 회중이 텍스트의 모호한 가르침을 이해하는 데도 도움이 되었다. 요가와 마찬가지로 호흡 제어는 팽창의 느낌을 주는데, 음악의 효과도 이와 비슷하다.

쿠란에서 우리는 다시 한 번 자연에 관한 종교적 가르침이 이성적이라기보다는 미학적으로 주어지는 것을 본다. 우리는 자연 세계에서 어디를 보든 신의 계시를 발견하게 된다는 가르침을 얻는다. "동쪽과 서쪽이 모두 하느님께 속하노니, 어디에서건 너희가 돌아보는 곳에서는 하느님의 얼굴이 바라보고 계실지니, 진실로 하느님께서는 어디에나 깃들어 있고 모든 것을 다 알고 계시느니라."[5] 이슬람교도는 자연을 당연하게 여겨서는 안 되고 자연의 박자를 신이 스스로 드러내는 것으로 받아들여야 한다. "실로 낮과 밤의 변화에, 그리고 하느님께서 천상과 지상에서 창조하신 모든 것에 하느님을 경외하는 백성을 위한 징표(아야트)가 있노라."[6] 이슬람교도는 유대교와 기독교 경전에서 기념하는 초자연적 기적보다 자연의 규칙적인 박자에서 훨씬 감명받는다. 쿠란에서 자연의 질서는 신의 힘과 지혜의 계시이기 때문이다. 그래서 아주 이른 시기부터 이슬람교도는 자연과학의 발전을 이루었는데 그들은 자연과학이 성스럽다고 생각했다.[7] 이슬람, 즉 이슬람교도 영성의 핵심은 신에게 전심으로 '굴복'하는 태도인데 사실 자연 자체는 이런 태도의 최고 모범이다. "너희는 하늘에 있는 모든 자와 땅 위에 있는 모든 자와 태양, 달, 별, 산, 나무, 짐승, 많은 인간이 하느님께 복종하는 것을 보지 못하였느냐?"[8] 모든 피조물이 그냥 존재하면서 자연이 자신에게 하라고 명한 것을 함으로써 신을 찬양한다. 말하자면 그것들은 모두 자연이라는 성스러운 책의 구절들이며 독실한 이슬람교도는 그것을 쿠란이 전하는 가르침의 시처럼 읽는 법을 배워야 한다. 자연에서 우리는 이상적인 이슬람교도, 전적으로 신에게 '굴복'하는 어떤 사람 또는 어떤 것을 본다.

쿠란은 늘 이슬람교도에게 자연에서 신의 자비를 깨달으라고 촉구한다. 자연 세계는 하나의 현현(顯現)이지만, 우리의 일상적 사고 방식이 늘 그것을 인지할 수 있는 것은 아니다. 따라서 이슬람교도는 자연의 외양을 꿰뚫고 그 안에서 신의 힘을 어렴풋이라도 감지하도록 자신을 훈련해야 한다. 쿠란은 이슬람교도에게 이성을 버리고 신의 현존을 믿으라고 하지 않고, 지금까지 하찮아 보이던 것이 특별해 보일 때까지 아야트를 묵상하라고 요구한다. 이슬람교도는 자연의 규칙적인 박자에서 삶의 힘을 관찰하고 자연의 신성을 인식해야 한다. "진실로 그 곡식과 대추야자 종자들에 싹이 돋게 하시는 분이 하느님이시니라… 그분이 하느님이시니라."[9] 자연의 보이지 않는 힘은 성스럽다. 이슬람교도는 우주의 자연스러운 박자가 인간의 복지 증진에 맞추어 완벽하게 설계되었음을 알아야 한다.

그분께서는 날이 밝게 하시며

휴식을 위해 밤을 만드셨으며

시간을 셀 수 있도록

해와 달을 만드셨노라.

그것이 전지전능하신 분의 섭리이니라.

그리고 너희를 위해 별을 만드신 분이 그분이시니

너희가 땅과 바다의 깊은 어둠 속에서

그 별의 도움으로 올바른 방향으로 갈 수 있느니라.

우리가 그 징표(아야트)들을 지식을 아는 자들을 위하여

상세히 설명하였노라.[10]

쿠란은 이런 가르침이 '아는 사람들'과 '이해하는 사람들'을 향한 것이라고 주장한다. 그들은 일상생활에서 신성한 현실에 대한 경이감을 의도적으로 계발하는 사람들이다. 그렇게 하려면 지속적인 수행이 필요하다. 순간적이고 자연발생적인 고양으로는 충분하지 않다. 우리 세계의 다른 모든 피조물은 신의 계획에 복종하며 타고난 이슬람교도다. 쿠란은 그렇게 강조한다. "해는 정해진 길 위에서 움직이느니라. 그것은 전능하시고, 진지하신 하느님의 법도이니라." 하느님은 설명한다. "달은 우

리가 단계를 정하였으니, 그것은 다시 야자나무의 오래되고 메마른 가지처럼 되느니라. 해는 달을 따라잡을 수 없으며, 밤도 낮을 뒤처지게 할 수 없느니라. 이들은 모두 (그 나름의) 궤도상에 떠 있느니라."[11] 인간은 자발적으로 이슬람의 행동을 하고 의식적으로 존재의 근원을 반영하는 삶을 형성해 갈 자유가 있다. 이것은 단지 개인의 발전을 위한 것이 아니다. 진짜 어려운 문제는 사회가 자연의 법칙을 반영하게 하는 것이다.

> 은혜로우신 하느님께서 쿠란을 가르쳐주셨고
> 인간을 창조하셨으며
> 인간에게 분명한 언어를 가르쳐주셨느니라.
> 해와 달은 정해진 계산에 따라 제 궤도를 따라 운행하며
> 줄기 없는 초목은 하느님의 뜻을 겸허하게 따르노라.
> 하느님께서 하늘을 높이 하시고 저울을 달아놓으신 것은
> 너희들이 저울을 속이지 않고
> 모든 것의 무게를 공정하게 달아
> 저울 눈을 속이는 일이 없도록 하시려 함이니라.
> 하느님께서는 피조물들을 위하여 대지를 펼쳐놓으셨으며
> 그 안에 온갖 종류의 과일과 엽초 달린 종려나무를 놓아 두셨

으며,

> 껍질이 있는 곡식과 향기로운 식물이 자라게 하셨느니라.
>
> 인간과 영마들아, 그래도 너희들은
>
> 주님의 은총 중 어느 하나를 거부하려느냐?[12]

인간은 정의와 동정을 서로에게 내보임으로써 자연 세계가 조화롭게 제 기능을 하게 해주는 균형을 반영하는 사회를 창조해야 한다. 7세기 초 무함마드의 출신 부족인 쿠라이시족은 경제적·사회적 혁명을 경험하고 있었다. 쿠라이시족의 도시 메카는 장거리 교역의 중심이 되어 사람들이 모여들었고 쿠라이시족은 스스로 독립적인 상인이 되었다. 이제 다수가 전에는 꿈도 꾸지 못했을 만큼 부유해졌다. 불과 몇 세대 전만 해도 그들의 조상은 아라비아 북부의 살기 힘든 광야에서 위태롭게 살아왔다. 이 땅은 너무 황량하여 사람들은 물을 찾아 쉼 없이 방랑하고 목초지와 방목권을 두고 다른 부족과 끝없이 싸워야만 간신히 생존할 수 있었다. 그러나 유목민의 삶은 적어도 공정함이라는 특징은 유지하고 있었다. 미미한 자원을 공정하게 나누어야만 부족이 간신히 생존할 수 있었기 때문이다. 하지만 메카에서는 시장 경제 때문에 오랜 공동체 정신이 쇠퇴했다. 시장 경제는—우리가 너무나 잘 알다시피—무자비한 경쟁과 탐욕과 개인의 진취성을 장려했다. 쿠라이시족 가운데 일부는 부를 공정하게 나누는 대신 불우한 사람들을 희생하여 개인 재산을 축적하고 있었다.

무함마드는 장차 쿠란으로 일컬어질 계시를 받기 시작했을 무렵 메카의 사회적 부패 때문에 심각한 고민에 빠졌다. 이 책에서 우리가 다루는 경전들 가운데 가장 나중에 나온 쿠란에서 우리는 종교의 두 가지 주요한 관심의 긴밀한 동맹을 발견한다. 하나는 동양 전통의 자연 존중이고 또 하나는 일신교적 관심인 동정심과 공정함이다. 쿠란은 독송할 때마다 "알라(al-Lah, '하느님'), 알라만(al-Rahman, '동정심이 넘치는 분'), 알라힘(al-Rahim, '자비가 넘치는 분')의 이름으로"라는 탄원으로 시작해야 한다. 무함마드의 종교는 결국 '이슬람', 즉 하느님 앞에서 하는 각 이슬람교도의 실존적 '굴복'으로 알려지지만 처음에는 타자카(tazaqqa)라고 알려졌다. 이 모호한 말은 번역이 쉽지 않지만 '정화'로 옮기는 것이 최선일 듯하다. 이슬람교도는 타자카를 계발하여 동정과 관용의 미덕으로 자신을 감쌌다. 수입 가운데 일정 부분을 가난한 사람들에게 구호금(자카트 zakat)으로 내주고, 굶주림이 무엇인지 알기 위해 라마단 동안 금식하고, 자연의 역학과 교훈을 깊이 생각함으로써 영적 '정화'를 향해 나아가려 했다. 타자카는 또 의례화된 행동으로 계발되었다. 이슬람교도는 하루에 다섯 번 살라트를 위해 하던 일을 중단한 채 메카 쪽을 보고 쿠란의 구절을 독송하면서 신에 대한 굴복의 상징으로 깊이 엎드렸다. 이런 신체적 행동은 정신적인 행동으로 옮겨 가 그들에게 본능적인 자존심을 옆으로 밀어놓도록 가르쳤다.

우리는 최후의 심판이라는 기독교 관념이 쿠란의 초기 메시지에서 중심에 자리 잡고 있었다는 점에 주목할 필요가 있다. 성공을 거둔 쿠라이시족은 이제 행동에 책임감을 느끼지 않았고 부족의 가난한 구성원에게 관심이 없었으며 쿠란에서 이스티그나(istighna)라고 부르는 태도, 즉 우리가 근대 사회에서도 보는 오만한 개인주의가 몸에 배었다. 훗날의 전통은 천국과 지옥과 심판이라는 주제를 자세히 이야기하지만 쿠란은 이에 관해 말을 아끼고 모호한 언어를 사용하며, 심판의 날(야움 알딘yawm al-din)이 먼 미래의 사건이 아니라 지금 여기에서 일어난다고 분명히 밝힌다. 더욱이 신은 높은 곳에서 우렁차게 지침을 내리지 않는다. 쿠란은 많은 가르침을 "들어보았는가?" "생각하지 않는가?"라는 질문으로 부드럽게 시작한다. 사람들은 자기를 인식하고 타크와(taqwa, 깨어 있는 마음)를 계발하라는 말을 듣는데, 이것은 불교의 수행과는 다르다. 타크와는 자연의 교훈에 대한 인식과 타인의 복지에 대한 깊은 관심이다.

쿠란의 기반을 이루는 메시지는 개인 재산을 쌓는 것은 그릇되고, 약하고 상처받기 쉬운 사람들과 부를 나누는 게 좋다는 것이다. 삶의 끝에 이르면 오직 사람의 행동만이 중요해진다. "티끌만 한 선을 행하는 자도 그것을 보게 되리라. 또한 티끌만 한 죄를 범한 자도 그것을 보게 되리라."[13] 결국 중요하지 않아 보였던 행위가 중요한 것으로 드러난다. 이기적이고 불친절한 아주 작은 행동 하나, 반대로 마음에서 우러나온 관대한 행동 하나가 인간 삶을 재는 척도가 된다. "그것은 노예를 풀어주는 일이며 굶주림에 허덕일 때 음식을 주는 일과 같으니라. 가까운 친척과 고아, 또는 땅에 엎드려 있는 가난한 자에게 베푸는 것과 같으니라."[14] 이슬람교도는 이기심, 탐욕, 오만을 늘 경계해야 한다. 그러나 지옥의 이미지로 자신을 겁주는 대신 자연 세계에서 알라의 관대함이라는 아야트를 명상하고 감사하는 마음으로 알라의 자비를 갈망해야 한다.

대체 그들은 낙타가 어떻게 만들어지는지 보지 못하는가?

하늘이 어떻게 높이 들어 올려지며,

산들이 어떻게 세워지고,

대지가 어떻게 펼쳐지는지 모르는가?[15]

쿠란의 아름다움은 비록 모든 위대한 시와 마찬가지로 번역으로는 잘 드러나지 않지만 미적 가치로 관심을 이끈다. 우리는 이 책 전체에 걸쳐 중요한 진리는 로고스의 정확한 언어로 쓰이는 일이 많지 않다는 것을 보았다. 서양 독자에게는 아시시의 성 프란체스코(1181~1226년)가 쓴 시가 강력한 예다. 프란체스코는 중병에서 회복되고 난 뒤 시를 썼는데 어떤 믿음을 가진 사람이 보건 이 시의 주제는 자연 세계에 대한 아름다운 명상이다. 우리는 이 시 전체에 걸쳐 이야기를 하는 상대인 '주'를 자연 질서 전체를 가득 채우고 있는 초월적 힘으로 받아들일 수도 있는데, 어떤 전통에서는 이 존재를 '하느님'이라고 부르지만 다른 전통에서는 이것이 도, 브라흐만, 르타로 알려져 있다.

지극히 높고 전능하고 선한 주여,

찬양과 영광과 명예와 모든 축복이 당신의 것입니다.

그 모든 것은 지극히 높은 이, 오직 당신의 것이고
아무도 당신 이름을 언급할 자격이 없습니다.

나의 주여, 당신의 모든 피조물을 통해,
특히, 나의 주여, 형제 태양에게 찬양을 받으소서.
태양은 하루를 가져오고 당신은 태양을 통해 빛을 줍니다.
태양은 아름답고 그 모든 광채로 빛이 납니다.
태양은 지극히 높은 이, 당신을 닮았습니다.

나의 주여, 자매 달과 별들에게 찬양을 받으소서,
당신은 하늘에서 달과 별들을 맑고 귀하고 아름답게 빚었습니
다.

나의 주여, 형제 바람에게 찬양을 받으소서,
또 흐린 공기와 고요한 공기에게,
또 모든 종류의 날씨에게 찬양을 받으소서.
그런 날씨를 통해 당신은 당신의 피조물을 살아 있게 하십니다.

나의 주여, 자매 물에게 찬양을 받으소서,

물은 아주 쓸모 있고 겸손하고 귀하고 정숙합니다.

나의 주여, 형제 불을 통해 찬양을 받으소서,
불을 통해 당신은 밤을 밝힙니다.
불은 아름답고
장난스럽고 튼튼하고 강합니다.

나의 주여,
당신의 사랑 때문에 용서를 하고
병과 고난을 견디는 이들에게 찬양을 받으소서.

평화롭게 견디는 이들은 축복이 있으리로다,
지극히 높은 당신에게서 위로를 받을 것이니.

나의 주여, 자매 죽음에게 찬양을 받으소서,
살아 있는 이는 누구도 죽음을 피할 수 없으리니. …

나의 주를 찬양하고 축복하라.
주께 감사하라,

큰 겸손으로 주를 섬겨라.[16]

    이 시를 읽는 것은 하루하루의 묵상이 될 수 있으며, 그 과정에서 우리는 당연하게 여기기 십상이던 자연 세계의 요소들―우리가 삶의 매 순간 의존하고 있는 공기, 물의 겸손, 불의 장난스러운 활기―을 마음에 불러낼 수 있다. 마지막으로 이 시는 우리가 자연의 모든 것과 공유하는 우리 자신의 필멸성을 일깨워준다.

    시인들도 우리가 자연의 거룩함과 '다름'을 인식하도록 돕는다. 19세기 영국 시인 제라드 맨리 홉킨스(1844~1889년)는 우리의 감각을 거의 습격하다시피 하는 봄의 바글거리는 활기를 포착한다.

> 잡초들이 거칠 것 없이 길고 아름답고 무성하게 솟아나는 때.
> 개똥지빠귀의 알은 작고 낮은 하늘처럼 보이고, 개똥지빠귀는
> 메아리치는 숲을 통해 귀를
> 씻고 비틀어, 그의 노래를 들으면 번개에 맞는 듯하다.
> 유리 같은 배나무 잎과 꽃, 그들은 내려오는 푸르름을
> 쓸고 있다. 그 푸르름은 풍요로

화급하다. 달리는 양들 또한

마음껏 뛰논다.[17)]

　모든 새, 벌레, 돌이 말없이 자신의 유일무이한 존재를 또렷이 드러낸다.

　물총새에 불이 붙고, 잠자리가 불길을 끌어당긴다.

　둥그런 우물 가장자리를 굴러 넘어간

　돌들의 소리가 울려 퍼지듯, 뜯은 현 하나하나가 말하듯, 매달린 종의

　울림판이 혀를 찾아 자신의 이름을 널리 내뱉듯.

　모든 필멸의 것은 한 가지를 똑같이 한다.

　각자 살고 있는 내부의 그 존재를 밖으로 끄집어내는 것,

　자기를—그 자신이 되어 가고, 자기 자신을 말하고 쓰고,

　외친다. 내가 하는 것이 나다. 그걸 위해 나는 왔다.[18)]

　현대 시인 메리 올리버는 우리에게 나무의 거룩함을 생각하게 한다. 자신의 미래와 우리가 '삶의 의미'라고 부르는 것에 자기중심적으로 몰두해 있는 인간과는 달리 나무는 그들 나름의,

150

아마도 더 깊은 지혜를 갖고 있을 것이다.

어떤 것들은 죽어 집이나 헛간, 담장이나 다리가 되고
어떤 것들은 세월이 지나도록 견디지만
어떤 것도 불평 한마디 하지 않을 것이다. 마치 언어는 결국
잘 먹히지 않는다는 것처럼, 초기 단계에 불과하다는 것처럼.
또 신들에게 어떤 질문도 하지 않는다. 어느 게 진짜냐, 계획이
무엇이냐.
이미 모든 설명을 듣고 만족한 것처럼.[19]

올리버는 생명이 없는 것처럼 보이는 것에서 살아 있는 핵심을 찾고자 하는 마음이 간절하기에 나무처럼 완벽한 존재에 지각이 없을 수도 있다는 생각은 견딜 수 없다.

나무는 자라면서 그 많은 가지에 기쁨을 느낄까,
각각의 가지가 시인 것처럼?

구름은 비의 다발을 털어내면서 기뻐할까?
세상 대부분은 아니, 아니, 그건 불가능하다고 말한다.

나는 그런 결론에 이르는 생각을 거부한다.

이게 틀리다면 너무 끔찍할 거다.[20]

자연에는 우리가 접근하거나 온전히 이해할 수 없는 그 나름의 관점과 지혜가 있다. 그것은 우리를 초월하며 어떤 다른 것, 어떤 거룩한 것으로 남아 있다. 욥이 발견했고 쿠란이 주장하듯이 자연의 '징표'를 존중하고 거기에 관심을 기울이지 않으면 우리는 우리가 '하느님'이라고 부르는 실재를 알 수 없다.

앞으로 나아갈 길

쿠란은 우리에게 중요한 진실을 일깨워준다. 자연 질서는 균형 없이는 유지될 수 없다는 것. 이런 섬세한 평형을 존중하지 않았기 때문에 아마도 우리 환경이 복구 불가능하게 손상되었을 것이다. 쿠란은 이런 균형이 사회에도 분명히 존재한다고 주장하는데 이 부분에서도 우리는 부족하다. 우리의 종교적 경전과 정치적 전통은 거의 모두 필수 자원을 균등하게 공유하는 일의 중요성을 강조하지만 우리는 민주주의와 정의를 자랑하면서도 그 일을 성취하는 데는 변함없이 실패했다.

특히 일신교의 에토스는 당대의 불의에 분노하는 예언자들이 형성했다. 기원전 8세기 이스라엘 예언자 아모스는 당대 통치자들의 범죄를 통렬하게 책망했다. 이 통치자들은 동포를 박해하고 영토 확장 전쟁에서 임신한 여자들의 배를 가르고 가난한 자들에게 아무런 관심을 보이지 않았다.

죄 없는 사람을 빚돈에 종으로 팔아넘기고,
미투리 한 켤레 값에 가난한 사람을 팔아넘긴 죄 때문이다.
너희는 힘없는 자의 머리를 땅에다 짓이기고
가뜩이나 기를 못 펴는 사람을 길에서 밀쳐낸다.[21]

아모스는 이스라엘 사회의 불평등에 경악했다. 가난한 사람은 굶는데 귀족은 상아 소파에 널브러져 비싼 고기를 먹고 포도주를 사발로 들이켰다.[22] 〈이사야서〉는 부와 권력을 쥔 자들이 손에 피를 묻힌 채 예배도 드리고 제의의 규칙도 꼼꼼하게 준수하는 것을 통렬히 비난하는 신탁으로 시작한다.

내 앞에서 악한 행실을 버려라.

깨끗이 악에서 손을 떼어라.

착한 길을 익히고

바른 삶을 찾아라.

억눌린 자를 풀어주고,

고아의 인권을 찾아주며

과부를 두둔해주어라.[23]

예수도 이스라엘의 예언자처럼 말했다. 〈누가복음〉에 수록된 산상수훈은 〈마태복음〉에 나오는 것보다 급진적이다. 복을 받고 '행복한' 사람들은 단지 '마음이 가난한' 사람들이 아니라 부정한 사회에서 추방되고 억압으로 고통받는 사람들이다.

사람의 아들 때문에 사람들에게 미움을 사고 내쫓기고 욕을 먹고 누명을 쓰면 너희는 행복하다. 그럴 때에 너희는 기뻐하고 즐거워하여라. 하늘에서 너희가 받을 상이 클 것이다.

그들의 조상들도 예언자들을 그렇게 대하였다.

그러나 부유한 사람들아, 너희는 불행하다. 너희는 이미 받을 위로를 다 받았다.

지금 배불리 먹고 지내는 사람들아, 너희는 불행하다. 너희가 굶주릴 날이 올 것이다.

지금 웃고 지내는 사람들아, 너희는 불행하다. 너희가 슬퍼하며 울 날이 올 것이다.

모든 사람에게 칭찬을 받는 사람들아, 너희는 불행하다! 그들의 조상들도 거짓 예언자들을 그렇게 대하였다.[24]

오늘날에도 이 급진적인 목소리를 기억하는 것이 좋을 것이다.

근대 세계에 사는 우리는 우리 조상이 자연의 자연스러운 박자에 느끼던 감사를 거의 표현하지 않는다. 고대 이집트인은 자연 질서를 주어진 것으로 받아들이지 않고 매일 신성한 것으로 기념했다. 그들에게 해가 뜨고 지는 것은 신성한 사건이었다. 매일 아침 라, 즉 '둥그런 해'는 어둠에서 일어났고 이집트 사제들은 그가 동에서 서로 가는 것을 관찰했다. 사제들은 동이 트는 것을 절대 당연하게 받아들일 수 없었다. 라와 그의 수행원들의 여행은 위험이 가득했기 때문이다. 매일 저녁 해가 질 때 라는 어둠의 세계―오시리스가 통치하는 죽은 자들의 세계―로 들어갔다. 즉 라는 신성한 여행이 다시 시작되는 다음 날 아침에 하늘의 여신에게서 다시 태어나기 위해 매일 밤 죽었다. 마찬가지로 이집트인에게 농사를 좌우하는 나일강의 연례 범람은 신의 둔덕, 즉 세상의 핵심이 시원의 물로부터 솟아오르는 순간을 반복하는 기적적인 사건이었다. 여름마다 낮게 놓인 들과 늪지는 그 심연의 물로 돌아갔지만 매번—기적으로 보였다—들은 변화하고 비옥해진 상태로 떠올랐다. 따라서 나일강은 해와 마찬가지로 신성했다. 자연은 기념해야 할 연이은 기적이었다.

물론 오늘날 우리는 일출의 과학을 이해하며, 따라서 해가 뜨고 짐을 깊이 생각하지 않는다. 하지만 이런 자연적인 사건을 신들의 작용으로 간주하지는 않는다 해도 우리의 일상생활이 의존하는 자연의 복잡한 박자에 새로이 경이를 느끼는 법은 배워야 할지도 모른다. 어떤 특정한 시나 텍스트를 찾아내 하루에 한 번씩 낭송해서 자연에 대한 우리의 감사를 표현할 수도 있다. 실제로 이 행성의 허약한 상태를 고려할 때 우리는 자연을 더는 당연한 것으로 받아들일 수가 없다.

8장

"내가 당하기 싫은 일을
남에게 하지 말라"

황금률

　황금률 — 네가 당하고 싶지 않은 일을 남에게 하지 말라 — 은 모든 위대한 종교 전통에서 독자적으로 발전해 왔다. 황금률은 인간 도덕성에 깊이 뿌리내리고 있는 것처럼 보인다. 황금률은 우리 마음을 들여다보고 고통의 원인이 되는 것을 찾아내고 그것으로 다른 누구도 괴롭히지 않을 것을 요구한다. 나아가 이런 박애는 자신과 마음이 맞는 집단에 한정되는 것이 아니라 예외 없이 모두에게 적용되어야 한다. 동정은 종교와 도덕의 핵심이다. 그리고 인류의 생존에도 핵심이다. 그런데도 우리는 동정을 제대로 실천에 옮기는 데 늘 실패한다. 놀랄 일이 아닌 것이 동정은 우리에게 깊이 밴 이기심을 거슬러 우리를 우리 세계의 중심에서 끌어내리려 하기 때문이다. 동정은 타인을 우리와 동등하게 여기고 우리 자신을 특권을 지닌 범주에 집어넣지 말고 동료 인간의 요구와 욕망과 야망을 똑같이 귀중하게 여길 것을 요구한다.

공자는 황금률을 처음 선언한 사람으로 꼽는다. 공자에게 황금률은 그가 '인(仁)'이라고 부른 것의 핵심이었다.[1] 공자는 인이 당대의 어떤 범주에도 들어맞지 않았기 때문에 그것을 정의하려 하지 않았다. 공자의 한 제자는 인을 두 단어로 요약할 수 있다고 설명했다. 인은 타인에 대한 의무를 완수하는 충(忠, 충성)과 상상력을 발휘해 자신을 다른 사람의 자리에 놓고 그에 따라 행동하는 능력인 서(恕, 배려)다.[2] 따라서 '서'는 '자신에게 견주기'라고 번역할 수도 있다.

인을 정치 생활에 어떻게 적용할 수 있느냐고 묻자 공자는 대답했다.

사람들이 있는 곳에서는 중요한 손님을 맞이하는 것처럼 행동하고, 평민(민, 民)을 관리할 때는 큰 희생제를 감독하는 것처럼 행동하라. 너 자신이 바라지 않는 것을 남에게 강요하지 마라.[3]

군주가 다른 통치자들에게 이런 식으로 행동하면 더는 잔혹한 전쟁이 없을 것이다. 갈등과 증오는 녹아 없어질 것이다. 공자는 인이 무엇인지 설명하지 않으려 했지만 그래도 그것을 얻는 방법은 제자들에게 이야기했다. 타인을 대할 때 자신의 감정을 안내자로 삼아라. 공자는 설명했다.

인에 관해 말하자면, 너 자신이 계급과 지위를 바란다면 남이 계급과 지위를 얻도록 도와라. 너 자신의 장점을 활용하고 싶다면 남이 장점을 활용하도록 도와라. 실제로 자신의 감정을 안내자로 삼는 능력, 그것이 인으로 가는 방향에 놓여 있는 것이다.[4]

공자는 인을 계속 실행에 옮기면—그리고 싶을 때만이 아니라 '종일 또 매일'[5]—경제 발전이나 전쟁 승리보다 훨씬 효과적으로 세상을 바꿀 수 있을 것이라고 믿었다.

공자는 선의와 예의라는 내적인 태도 계발에만 초점을 맞추는 것은 의미가 없다고 주장했다. 신체적 행동이 내적 감정을 다스릴 수 있기 때문이다. 그래서 유가는 예(의례)의 중요성을 강조했다. 중국인은 존중이 의례화된 행동이 타인의 존엄을 존중하라는 합리적 교육보다 깊은 가르침을 줄 수 있음을 이해했다. 또 우리의 행동은 타인의 행동에 변화를 가져올 수 있다. 우리는 존중받으면 다만 잠시라도 근본적으로 풍요로워지는 것을 알고 있다. 마찬가지로 예를 갖춘 몸 동작은, 공자의 믿음으로는, 그것을 행하는 사람만이 아니라 받는 사람도 변화시킨다. 요즘 우리의 공적 태도는 확실히 격식을 차리지 않으며 여기에는 장점이 많다. 우리는 더 편안해진다. 물론 빅토리아 여왕 시대의 답답한 형식적 예의범절로 돌아가고 싶지는 않다. 그러나 전통적인 사회적 관습 몇 가지에 주의를 기울이면 예의와 존중의 습관이 내면화하기 시작하는 것을 알게 될 것이다. 누군가를 위해 문을 열어준다거나 누가 방으로 들어오면 일어선다거나 미소를 짓고 눈을 마주치며 악수를 한다거나 버스에서 자리를 양보한다거나. 이 모든 작은 의례는 정신과 마음의 새로운 습관을 만들 수 있다.

따라서 유가에서 인은 이 말의 본래 의미인 '덕(virtue)'—어떤 사람에게서 뿜어져 나와 주위의 모두에게 영향을 주는 힘이며, 라틴어로는 비르투스(virtus)—이었다. 공자가 강조하는 덕—인간관계의 상호성(서恕), 의리(충忠), 신뢰(신信)—은 모두 타인을 향한 행동에 초점을 맞추었다. 유가는 자신의 '영혼'을 교화하기 위해 노력하는 것이 아니라 이런 덕을 이용하여 성취감을 주는 일상적 실천과 존중을 기초로 삼은 더 넓은 사회 생태계를 발전시켰다.[6] 유가는 우리가 조각하지 않은 돌덩이 같은 인간성의 원재료만 가지고 태어나며 (인仁으로) 완전한 인간성을 갖춘 사람이 되려면 '종일 또 매일' 우리의 자기중심적 충동을 버려야 한다고 믿었다.

공자는 인간 존엄의 중요성을 일깨워준다. 모든 사람이 지위·인종·신조에 관계없이 존중받을 자격이 있다는 것이다. 우리는 타인을 존경하면서, 늘 관심과 윗자리를 달라고 아우성치는 에고를 옆으로 밀어놓게 된다. 존경의 외적 습관은 이런 덕을 내적으로 계발하도록 돕는다. 햄릿이 잘못을 범하는 어머니에게 훈계하듯이 "덕이 없으면 있는 척하라."[7] 신체적 의례가 습관이 되면 점차 존경을 내적인 습관으로 길러낸다. 서양에서도 나그네와 외지인, 노숙자와 극빈자를 존중하도록 돕는 그 나름의 의례를 만들 필요가 있을 것이다.

공자의 원래 가르침은 사회생활에 초점을 맞췄지만 유가는 오랜 세월에 걸쳐 이 가르침을 우주를 양육하는 기(氣)까지 확장했다. 그들은 자기의 욕심 많고 편협한 요구를 체계적으로 옆으로 밀어놓음으로써 자연 세계에 생명을 주는 성스러운 힘을 향한 새로운 통찰을 계발해 나갈 수 있었다. 자연 환경에 대한 관심은 인간에 대한 존중과 공경으로 자연스럽게 이어진다. 맹자는 이런 경험을 호연지기(浩然之氣, 큰 물 같은 기)라고 불렀다. "성실하게 그 기를 키우고 그 길에 장애를 두지 마라. 그러면 그 기운이 하늘과 땅 사이의 공간을 채울 것이다."[8] 맹자는 같은 인간의 존엄성을 알게 될수록 다른 존재의 존엄함을 인식하고 다른 존재를 사랑하는 게 쉬워진다고 가르쳤다. 그러면 이런 거룩함이 자연의 모든 물(物, '사물')에도 현존한다는 것을 이해하게 된다.

> 만물이 내 안에 있다. 자신을 점검하여 내가 나 자신에게 진실하다는 것을 아는 것보다 큰 기쁨은 없다. 대접받고 싶은 대로 남을 대접하려고 최선을 다하라. 이것이 자비(인仁)에 이르는 지름길임을 알게 될 것이다.[9]

따라서 유교에는 인간과 자연 세계에 대한 공경이 뗄 수 없이 결합되어 있었다.

기원전 9세기에 유가는 불교의 통찰을 자신들의 고전에 통합하여 중국 불교의 도전에 대응했다. 신유교라고 알려진 이 운동은 공자와 맹자의 동정의 에토스를 더 급진적으로 밀고 나갔을 뿐 아니라 영감 가득한 새로운 자연 신학을 창조했다. 유학자 한유(韓愈, 768~824년)는 《예경》(의례의 책)의 모호한 두 개의 장에 관심을 쏟을 것을 촉구했다. 첫 번째는 〈대학〉('큰 배움')이라고 알려진 짧은 글인데 공자의 손자 자사(子思, 기원전 483?년~기원전 404년)가 썼다고도 하고 그의 제자 증자(曾子, 기원전 505년~기원전 436년)가 썼다고도 한다. 이 글은 학문이 영적 발전이나 사회적 관심과 분리될 수 없다고 주장한다. "큰 배움의 길은 사람을 애정으로 대하여 빛나는 덕을 밝히고 완전한 선(인仁)에 머무는 데 있다."[10] 성인은 격물(格物), 즉 "'사물(자연 만물)을 연구'해 '지식을 확장'해야 한다. 건강한 가족생활, 좋은 정부, 세상사에 대한 견실한 이해는 자연에 대한 심오한 이해에 뿌리를 두고 있다. 자연 세계가 우리의 고향이고 그 세계가 우리의 모든 생각과 행동에 영향을 주기 때문이다. 오늘날 우리도 우선순위가 올바르지 않고 우리의 지식, 우리의 정부, 우리의 영성이 모두 자연에 단단히 근거를 두지 않으면 우리 행성을 구하는 효과적인 정책을 만들어내려는 현재의 노력이 실패할 것임을 깨달아야 한다.

한유가 권하는 두 번째 텍스트는 〈중용〉(중도의 교의)인데 이 또한 자사가 썼다고 알려져 있다.[11] 글 제목을 이루는 두 요소인 중(中, '평형')과 용(庸, '정상正常')은 사회가 균형과 절제에 의존함을 보여준다. 하지만 이 텍스트는 성(誠, '진실성')을 요구하기도 하는데, 이를 따르려면 인간은 우주의 자연스러운 박자에 행동을 일치시켜야 한다. 우리는 세상의 지배자가 아니다. 〈중용〉은 그렇게 말한다. 공자가 그랬던 것처럼 우리는 만물과 우주를 공유하고 만물과 조화를 이루어 살아야 한다.

그는 위의 하늘에서 계절의 순환을 관장하는 자연 질서에 순응했으며, 아래 땅과 물을 관장하는 원리를 따랐다. 그는 만물을 지탱하고 담고 있다는 데서 땅에 비길 수도 있고, 만물을 덮으며 끌어안는 데서 하늘에 비길 수도 있다. 연속되는 사계절에 비길 수도 있고 번갈아 빛나는 해와 달에 비길 수도 있다. 만물은 서로를 해치는 일 없이 생산하고 발전한다.[12]

인간 사회는 자연의 박자에 순응하는 것이 필수적이다. 자연은 인간사와는 달리 다른 것을 해치지 않고 진행된다. 인간이 하늘·땅과 깊은 동반 관계를 맺고 함께 삼위일체를 형성하면,[13] 모든 만물을 우리 자신이 대접받고 싶은 대로 대접하면 우리는 '인'을 이룰 것이다.[14] 우리는 생존 자체를 위해 만물에 의존하므로 만물을 섬기고 존중하고 보호함으로써 우주의 창조 과정에 적극적으로 참여하여 세상을 재구성하는 것을 도와야 한다.[15] 유가는 늘 효의 중요성을 강조했지만 〈중용〉은 더 나아가 인간이 우주의 아들딸이 되어야 한다고 주장한다.

초자연적 계시를 찾을 필요는 없다. 우리 주위 모든 것의 성스러움을 인식하고 만물이 어떻게 지칠 줄 모르고 서로 지탱하는지 관찰하기만 하면 된다.

지금 우리 앞의 하늘은 그저 밝게 빛나는 덩어리일 뿐이다. 그러나 하늘을 무한히 크게 보면 해, 달, 별, 별자리들이 그 안에 걸려 있고 만물이 그것에 덮여 있다. 우리 앞의 땅은 한 줌의 흙일 뿐이나 그 폭과 깊이 덕에 화(華)와 악(岳) 같은 산을 무거운 줄 모르고 지탱하며 강과 바다를 흘리지 않고 담아 만물을 지탱한다. 우리 앞의 산은 한 줌의 지푸라기에 불과하나 그 광대한 크기 덕에 풀과 나무가 그 위에서 자라고 새와 짐승이 그 위에 살고 많은 귀한 것이 그 속에서 발견된다. 우리 앞의 물은 한 숟가락의 액체에 불과하나 그 헤아릴 수 없는 깊이 덕에 괴물과 용과 물고기와 거북이가 그 속에서 태어나며 그 덕분에 부가 넘쳐난다.[16]

이런 식으로 우주의 끝없는 너그러움을 생각하는 것 자체가 초월적 경험이다. 우리는 "아! 얼마나 아름답고 그침이 없는지(오목불이於穆不已)!" 하고 탄성을 지를 수밖에 없다.[17]

성인은 삶에 의미를 부여할 먼 하늘이나 신을 쳐다보는 대신 지상의 평범한(용庸) 것들―한 숟가락의 물이나 한 줌의 흙―에 놀란다. 공자도 사실 자연과 인간 양쪽 모두에서 '가까이 있는' 것에 집중하여 성인에 이르지 않았을까?[18] 오직 왕과 귀족만 성인이 될 수 있다고 생각하는 것이 전통이었지만 〈중용〉은 "소박한 지능을 가진 남녀"도 성인에 이를 수 있다고 주장한다.[19] 실천과 인내가 필요할 뿐이다. 〈중용〉은 우리에게 말한다. 따라서 "공부하라… 그리고 열심히 실천하라." 특히 "포기하지 마라."

11세기에 중국은 연거푸 이웃들의 공격을 받았고 개혁이 시급했다. 대부분은 정부와 군의 변화를 주장했지만 신유가의 소규모 집단은 영적 혁명의 선두에 서서 신유교를 정치·사회 생활에 적용했다. 그들은 이 생활이 우주의 성스러운 원리와 조화를 이루지 못하면 성공할 수 없다고 믿었다. 주돈이(周敦頤, 1017~1073년)는 삶의 성스러운 원리에 대한 강렬한 의식을 계발하여 창 밑에 자라는 풀도 베지 않으려 했다. 왜냐하면 '풀의 감정'과 자신의 감정이 '똑같기' 때문이다.[20] 이것은 신비한 경험이 아니라 동정의 습관에서 파생된 윤리였다. 주돈이는 자기에게만 배타적으로 집중하는 대신 예외 없이 모든 사람과 모든 존재의 관점에서 사물을 보려고 의도적으로 노력했다. 주돈이는 만물에 대한 자신의 도덕적 책임감을 강하게 확신했기 때문에 계속 자기에게 집중하는 대신 동등한 존재인 만물과 '함께 느낄' 수 있었다. 이 능력으로 성인이 되는 길에 올라설 수 있다. 그는 설명한다. "불편부당하게 모든 것을 끌어안기" 때문이다.[21] 그러나 신유가는 절대 스스로 성인이라고 주장하지 않았다. 그들의 믿음으로는 자신이 성인이라고 생각하는 것이야말로 성인이 아니라는 분명한 표시다.[22]

장재(張載, 1020~1077년)가 보기에 만물에는 어떤 도덕적 본성이 있다. 따라서 의도적으로 존재가 하나라는 감각을 계발한 사람은 그 "속으로 들어갈" 수 있다.

마음을 넓혀서 세상 만물 속으로 들어갈 수 있다. 아직 들어가지 못한 것이 하나라도 있다면 마음 바깥에 여전히 뭔가가 있는 것이다. 보통 사람들의 마음은 눈에 보이고 귀에 들리는 것을 향해서만 좁혀져 있다. 그러나 성인은 자신의 본성을 완전히 펼친

다. … 그는 세상 모든 것을 자신의 자아로 여긴다.[23]

모든 '것'이 우주에 퍼진 본질적 '인'을 공유한다. 그러나 인간에게는 이런 관계의 도덕적 책임을 깨달을 능력이 있다. 장재는 〈서명(西銘)〉에서 이 깨달음을 아름답게 표현했는데, '서명'이라는 제목이 붙은 것은 이 글이 그의 서재 서쪽 벽에 새겨져 있었기 때문이다. 〈서명〉은 이렇게 시작한다. "하늘은 나의 아버지요 땅은 나의 어머니이며, 나 같은 미물조차 그 사이에서 친밀한 곳을 찾는다." 이 한 문장으로 장재는 신유가의 비전을 압축했다. 글은 이어진다.

따라서 우주 전체에 펼쳐진 것을 나의 몸으로 여기고 우주를 이끄는 것을 나의 본성이라 생각한다.

모든 이가 나의 형제자매요 만물이 나의 벗이라. …

하늘의 원리를 따르지 않는 자는 덕을 침해한다. 인간성을 파괴하는 자는 강도다. 악을 부추기는 자는 도덕적 능력이 없다. 그러나 자신의 도덕적 본성을 실행에 옮기고 자신의 신체적 존재를

완성으로 가져가는 자는 하늘과 땅에 비길 수 있다.[24]

〈서명〉을 보면 주돈이의 풀을 베지 않으려 하는 마음이 떠오른다. 〈서명〉은 분명하게 고통을 신유가의 의제로 삼고 있다. 장재는 나귀의 울음을 듣고 나귀와 똑같이 괴로웠다고 말한 적이 있다.[25]

장재의 조카들인 정(程) 씨 형제는 이런 경건한 태도를 운동으로 바꾸었다. 그들은 〈서명〉이 공자의 사라진 가르침을 표현한다고 확신했다.[26] 정호(程顥, 1032~1085년)가 보기에 '사물의 하나 됨'을 이해하는 것이 인을 실천하는 데 핵심이며, 인의 실천은 또 사람이 자연과 하나가 되게 해준다. 이 또한 신비한 통찰이 아니라 황금률을 도덕적으로 훈련해서 얻는 것이었다. "인을 갖춘 사람은 천지가 자신과 하나라고 받아들인다. 그에게는 그 자신이 아닌 것이 없다. 천지가 자신이라고 인식하고 나서 그가 천지를 위해 하지 못할 것이 무엇이겠는가?"[27] 정이(程頤, 1033~1107년)는 제자들에게 마음에서 이기심을 버리고 격물―만물의 핵심에 존재하는 '하늘의 원리'에 대한 깊은 연구―로 공경하는 마음을 계발하라고 가르쳤다. 정이는 주장했다. "모든 풀잎과 모든 나무에 원리가 있으니 그것을 살펴야 한다."28)

정호는 다른 모든 존재와 '한몸'을 이룬다면 모든 존재의 고통을 우리 것으로 느끼게 된다고 설명했다. "남에게 사심 없이 공감하지 못하는 것은 그들이 나 자신과 하나라는 의식을 잃었기 때문이다."29) 우리는 가볍게 한마디 하거나 언뜻 하찮아 보이는 행동을 하기 전에도 그 말과 행동이 타인과 만물에게 어떤 영향을 줄지 생각해야만 한다. 〈서명〉이 지적하듯이 세상 만물은 생명 없는 대상이 아니라 우리의 벗이기 때문이다. 정씨 형제는 제자들에게 말했다. 시간과 노력이 들겠지만 인내심을 가지면 마침내 자기중심적인 사람들을 괴롭히는 불안에서 해방되는 기쁨을 경험할 것이다. 평정과 고요를 얻을 것이며 허세와 독선을 내세우는 일 없이 도덕적일 수 있음을 알게 될 것이다.

이런 관점이 위대한 유교 개혁가 주희(走憙, 1130~1200년)가 편찬한 초기 신유가의 가르침을 모은 《근사록》(가까이 있는 것들에 대한 사유)을 지배한다.30) 과도한 종교적 열정 대신 온화하고 균형 잡히고 침착한 분위기가 이 책을 지배한다. 우리는 주돈이의 마음이 "화창한 날과 (밤의) 맑은 달이 비칠 때의 산들바람처럼 자유로우며 거칠 것이 없음"을 알고 있다. 모든 행동에서 자연의 근본적 원리와 조화를 이루었기 때문이다.[31] 주돈이는 완전히 편안했다. "대부분의 사람이 어떤 일이 몹시 어렵다고 생각할 때 스승은 저항할 수 없는 물의 흐름처럼 자연스럽게 그 일을 처리했다. 급하거나 놀라도 불안한 표정을 드러낸 적이 없었다."[32] 주돈이의 너그러움은 지속적인 자아 초월에 근거를 두고 있었다. "그는 선한 행위를 볼 때마다 그게 마치 자신에게서 나온 것처럼 느꼈다. 그는 남이 자기에게 하기를 바라지 않는 일을 남에게 하지 않으려 했다."[33] 이 모든 것은 차분하게 자기중심주의를 버리고 "자신의 마음을 갖지 않았기" 때문에 가능했다.[34]

그러나 자신의 마음을 가지지 않는다는 것이 개인적 책임을 저버린다는 뜻은 아니었다. 신유가는 은자들이 아니었다. 그들은 많은 유학자와 마찬가지로 정부에 참여하고 차분하게 행정적 의무를 이행했다. 주희는 늘 만물을 자기 보듯 봄으로써 "모든 피조물과 일치를 이루어 … 불편부당하게 된다"고 설명했다. "자신의 마음이나 느낌을 가지지 않는 것은 단지 만물이 다가오는 대로 자연스럽게 반응한다는 뜻이다."[35] 주돈이의 마음은 "자유로우며 거칠 것이 없"었을지 모르지만 그는 공직에서 "세심하고 엄격했으며, 다른 사람을 자신처럼 대했다."[36]

신유학자들의 목표는 세상에서 물러나는 것이 아니라 노력해서 얻은 황금률의 명료함과 규율을 공적 생활에 적용하는 것이었다.

신유학자에 대한 주희의 묘사는 오늘날 많은 공인의 행동과 선명하게 대조를 이룬다. 장재와 정호는 위대한 유가 철학자 순자가 수백 년 전 "비어 있고 통일되어 있고 잠잠하다"고 묘사한 정신을 계발했다. 순자의 설명에 따르면, 마음은 '비어 있어' 새로운 인상에 늘 열려 있고 필요하면 바뀔 준비가 되어 있다. 마음은 '통일되어 있어' 삶의 복잡성을 억지로 일관되고 이기적인 체계에 집어넣지 않는다. 마음은 '잠잠하여' 진정한 이해를 가로막는 '음모와 계획'을 기르는 '꿈과 시끄러운 환상'에 빠져들지 않는다.[37] "자신의 마음을 가지지 않는다"는 것은 아무런 의견이 없다는 것이 아니라 다른 관점에 열려 있다는 뜻이다. 이 세계화 시대에 우리도 '자기'—그게 개인이든 국가든 종교든 문화든 민족이든—와 그것을 지탱하는 의견을 조용히 옆으로 밀어놓는 법을 배워야 한다. 노자가 오래전에 지적했듯이,

큰 괴로움이 있는 것은 나에게 자기가 있기 때문이다.

나에게 자기가 없다면 무슨 괴로움이 있겠는가?

따라서 세상을 자기처럼 존중하는 사람에게

세상이 맡겨지고

세상을 자기처럼 사랑하는 사람에게

세상이 놓인다.[38)]

앞으로 나아갈 길

신유가는 우리가 이 책에서 논의한 많은 개념을 독특하게 종합했다. 이것은 장재의 〈서명〉으로 아름답게 표현되는데, 〈서명〉은 개인적 실천의 비전만이 아니라 더 넓게 행동해야 한다는 분명한 요구도 제시한다. 신유가는 인간과 자연 세계에 관심을 보이면서 이 둘이 분리될 수 없다고 보는데 이런 관점은 서양인은 이해하지 못하는 것이다. 인간과 자연에 대한 공경을 계발하는 것 또한 중요하다. 서양에서는 불경(不敬)을 찬양하며 기성 체제에 대한 용기 있는 도전이자 개성의 표시라고 보는 편이지만, 불경은 순수한 자기중심주의일 수도 있다. 신유가에게 공경은 종교적 경외심인데, 이것을 의식적으로 계발하면 깊은 책임감에 이를 수 있다. 우리는 우리가 환경에 준 피해를 깨달으면서 공포 반응을 보이는 일이 너무 흔하다. 공포는 이 문제를 다루는 창조적 주도권을 쓸모없게 만들거나 억누를 수 있다. 우리는 적극적이고 삶을 긍정하는 의미에서 자연을 공경하는 법을 배울 필요가 있다. 그러면 우리는 자유로운 마음으로 환경을 착취하는 것이 아니라 소중히 여기게 된다.

특히 인간이 '만물과 한몸'을 이룬다는 신유가의 비전을 끌어안아야 할 것이다. 자연 세계에 대한 경외심이나 인간과 자연의 합일은 하늘·땅과 삼위일체를 이루는 인간의 이미지로 아름답게 표현된다. 그것은 권력이나 분리나 비난보다는 감정 이입에 기초를 둔 비전이었다. 그리고 이 비전은 신유가의 '정좌(靜坐)' 훈련에서 얻을 수 있다. 서양에서는 에어로빅 운동으로 종종 폄하되어 왔지만 요가는 에고를 파괴하는 엄격한 체계인데 이런 요가와 달리 정좌는 휴식의 상태다. 정좌를 할 때는 반드시 요가 자세를 취하지 않더라도 편하게 앉아 정신과 마음을 자연 세계를 향해 열고 그 세계의 광경과 소리를 느끼며 보편적 동정의 감각을 계발한다. 물론 동정은 연민—이것은 우월을 내포한다—이 아니라 타자와 '함께 느끼는 것'이다.

공자가 처음 밝힌 황금률은 랍비의 유대교와 기독교 복음의 핵심에 놓인 동정의 에토스도 표현한다. 그러나 요즘은 교리나 관행이 더 강조되곤 하는데, 그 가운데 다수는 경전보다 뒤에 나온 것이다. 예수도 바울도 들어본 적 없는 관행에 관해 기독교인이 격렬하게 주장하는 모습을 우리는 얼마나 자주 보는가? 이 독선적이고 논쟁적이고 험악한 시대에 우리는 예수의 이 말을 기억해야 한다.

　그러나 이제 내 말을 듣는 사람들아, 잘 들어라. 너희는 원수를 사랑하여라. 너희를 미워하는 사람들에게 잘해주고 너희를 저주하는 사람들을 축복해주어라. 그리고 너희를 학대하는 사람들을 위하여 기도해주어라. 누가 뺨을 치거든 다른 뺨마저 돌려대고 누가 겉옷을 빼앗거든 속옷마저 내어주어라. … 너희는 남에게서 바라는 대로 남에게 해주어라. 너희가 만일 자기를 사랑하는 사람만 사랑한다면 칭찬받을 것이 무엇이겠느냐? 죄인들도 자기를 사랑하는 사람은 사랑한다. 너희가 만일 자기한테 잘해주는 사람에게만 잘해준다면 칭찬받을 것이 무엇이겠느냐? 죄인들도 그만큼은 한다. … 그러나 너희는 원수를 사랑하고 남에게 좋은 일을 해주어라. 그리고 되받을 생각을 말고 꾸어주어라. …
　너희의 아버지께서 동정하시는 것같이 너희도 동정하는 사람이 되어라. 남을 비판하지 마라. 그러면 너희도 비판받지 않을

것이다. 남을 단죄하지 마라. 그러면 너희도 단죄받지 않을 것이다.[39)]

비판적이고 용서 없는 세상에서 우리에게는 그 어느 때보다 동정—좋아하거나 동의하지 않는 사람을 포함한 다른 모두와 함께 느끼는 능력—이 긴요하다.

9장

"살아 있는 모든 것에
용서를 구합니다"

아힘사

아힘사(ahimsa)는 황금률과 마찬가지로 영적·사회적 삶의 핵심이며 특히 인도 전통에서 두드러진다. 아힘사를 있는 그대로 번역하면 '무해함'이 되어 좀 유순하게 들리지만 사실 이 말은 급진적 개념이다. 아힘사는 아무리 작더라도 타자에게 어떤 종류든 상처를 주는 것을 금한다. 서양에서 요가에 열광하는 사람들은 고전 요가에서는 입문자가 엄격한 도덕적 과정을 완수하기 전에는 요가 자세로 앉는 것도 허락받지 못한다는 것을 알면 아마 놀랄 것이다. 입문자는 자신을 엄격한 통제 아래 놓을 수 있는 다섯 가지 계율을 준수해야 한다. 훔치고, 거짓말하고, 취하고, 성교하는 것이 금지되는데, 가장 중요한 것은 아힘사를 지키는 것이다. 벌레를 때려잡거나 다른 사람에게 불친절하게 말하는 것도 금지된다.

아힘사는 오랫동안 인도 영성의 중심이었지만 자이나교도처럼 아힘사를 진지하게 받아들인 사람들은 없었다. 자이나교 전통의 창시자인 바르다마나 지나트르푸트라(기원전 599?년~기원전 527?년)는 크샤트리아 계급으로 태어났지만 서른 살에 세상을 버리고 깨달음을 얻으러 나섰다. 그의 영적 여행은 12년이 걸렸다. 바르다마나는 금욕주의를 경험하여 극단적 조건에 몸을 드러내기도 했지만 아힘사를 계발하고 나서야 해방을 얻었다.[1] 깨달음을 얻은 뒤 그는 마하비라(mahavira, '큰 영웅')로 알려지게 되었다. 그의 믿음에 따르면 각각의 인간은 광채가 나고 복이 넘치고 지혜로운 지바(jiva, '영혼')를 갖고 있다. 하지만 모든 동물, 식물, 바위, 심지어 물, 불, 공기도 지바가 있기는 마찬가지인데, 그 모두가 각자 과거 삶의 카르마(karma, '행위')에 의해 현재 존재에 이르렀다. 따라서 모든 피조물은 똑같은 기본적 본성을 공유하며 우리는 스스로 받고 싶은 예의와 존중으로 이들을 대해야 한다.[2] 심지어 식물도 어떤 종류의 의식이 있어 그 나름의 방식으로 아힘사를 실천하며 올바르게 살면 다음 생에는 성스러운 나무가 될 수도 있고, 그런 단계를 천천히 밟아 마침내 인간에 이를 수도 있다. 식물과 동물과 인간은 같은 피조물을 해치지 않아야만 깨달음(모크샤moksha)에 이를 수 있다.

마하비라에게 영적 해방은 비폭력을 실천한 결과였다. 그가 깨달음에 이를 수 있었던 것은 부담스러운 요가 연습이 아니라 이런 통찰 덕분이었다. 그는 아힘사가 자신의 인간성을 근본적으로 바꾸었고 이제 자신이 마치 신처럼 모든 수준의 현실을 동시에 인식할 수 있음을 알게 되었다. 실제로 마하비라는 데바(신)가 평범한 의식을 초월하여 만물과 절대적 우애를 이룬 마음 상태에 이른 존재에 불과하다는 것을 깨달았다. 이런 상태는 세속적 논리와 합리적 사고를 초월했다. 마하비라는 이것을 "네티(neti)… 네티(이것도 아니다… 이것도 아니다)"라고 묘사할 수 있을 뿐이었다. 하지만 그런 상태에 다가갈 수 없다는 뜻은 아니었다. 마하비라는 자신의 훈련법을 따르는 사람은 누구나 이런 마음 상태에 이르러 지나*가 될 수 있다고 주장했다. 마하비라는 전사 계급으로 태어났지만 종류가 다른 용기를 옹호하여 폭력을 거부하는 영웅주의라는 대안적 비전을 제시했다. 자이나교도는 자신의 공격적 본능과 싸워 아힘사를 통해 전장의 전사와 같은 명예를 얻을 수 있었다. 여기에는 전사

지나(jina) 아힘사의 깨달음을 얻은 영적 '정복자'라는 뜻이다. 자이나교는 지나의 종교였다.

와 같은 종류의 용기와 규율과 결의, 심지어 무자비함이 요구된다. 하지만 이 모든 것은 자기 자신과 자신의 약점을 향한 것이다.

나중에 자이나교도는 자신의 카르마, 즉 '행위'를 영혼을 짓눌러 우주의 정상으로 솟구쳐 올라가지 못하게 막는 고운 먼지 같은 물리적 실체로 인식하는 정교한 우주론과 형이상학을 발전시킨다. 그러나 마하비라와 첫 제자들은 그런 문제에는 관심이 없었다. 그들이 소중하게 여긴 유일한 영적 덕목은 아힘사였으며, 이것은 모든 존재에 대한 심오한 감정 이입 상태에 이르지 못하면 얻을 수 없었다.

숨을 쉬고 존재하고 살아 있고 지각이 있는 모든 피조물은 죽이지 말아야 하고, 폭력으로 다루지 말아야 하고, 학대하지 말아야 하고, 괴롭히지 말아야 하고, 내치지 말아야 한다. 이것이 순수하고 변함없고 영원한 법이며 앎을 얻고 깨달은 자들이 선포해 온 것이다.[3]

자이나교도는 돌멩이 하나에도 영혼이 있고 고통을 느낄 수 있음을 감정적으로, 또 마음의 깊은 수준에서 무의식적으로 확신해야 했다. 그들은 몸의 행동이 마음을 재형성하는 금욕주의적 과정으로 이런 통찰에 이르렀다. 자이나교도는 혹시라도 벌레를 밟거나 풀잎이 꺾이지 않도록 늘 매우 조심해서 걸어야 했다. 아주 주의해서 물건을 내려놓아야 했으며 자기도 모르게 불운한 피조물을 해치지 않도록 밤에 돌아다니는 것이 금지되었다. 절대 열매를 따지 않고 저절로 떨어질 때까지 기다려야 했다. 궁극적으로 어떤 행동도 삼가는 것이 이상이었다. 아주 작은 움직임이라도 아픔과 고통을 일으킬 수 있기 때문이었다.

자이나교도는 언제나 모든 것에 깃든 생명력을 의식해야 했기 때문에 불을 피우거나 땅을 파고 경작하는 것이 금지되었고 거른 물만 마실 수 있었다. 모든 것이 주권과 자유를 갖춘 그 나름의 성스러운 지바를 지니고 있기에 어떤 것도 소유할 수 없었다.[4] 자이나교도는 하루에 두 번 스승 앞에 서서 "씨앗이나 녹색 식물이나 이슬이나 딱정벌레나 이끼나 축축한 땅이나 거미집을 밟아" 괴로움을 주었을지 모른다고 회개했다. 마지막에는 용서를 구했다. "모든 살아 있는 피조물에게 용서를 구합니다. 모든 피조물이 나를 용서해주기를. 모든 피조물과 우정을 나누고 어떤 것에도 적의를 품지 않기를."[5] 이런 규칙을 세심하게 준수하면 자이나교도는 자기 통제와 동정심을 기르게 되고 이를 통해 반드시 깨달음에 이르게 될 터였다. 이것은 감정 이입의 삶이었다.

자이나교는 인도에서 황금률을 가르침의 핵심으로 삼은 첫 종파로 꼽힌다. "지능과 정화된 자아를 부여받은 사람들은 늘 다른 존재를 향해 그들이 자신에게 준수하기를 바라는 행동 방식에 따라 행동해야 한다."[6] 또 자이나교는 "모든 시간에 모든 양상으로 살아 있는 모든 존재를 향한" 아힘사가 영성의 핵심이라고 강조했다.[7] 불교와 달리 자이나교는 세계 종교가 되지 못했지만 친절과 비폭력 주장은 인도 아대륙 전체에 퍼졌고 지금은 불교, 힌두교, 인도 이슬람에 뿌리내리고 있다. 서양에서는 가끔 잊지만, "타자에게 해를 끼치는 것이 자신을 해치는 것이다. … 우리는 타자를 망치려 하는 순간 스스로 망가진다. 우리는 타자를 죽이려 하는 순간 스스로를 죽인다."[8]

자이나교의 에토스는 정치 생활에도 들어왔다. 인도 마우리아 왕조의 황제 아소카(기원전 268~232년경 재위)는 군사적 억제와 도덕적 개혁을 내세우는 정체(政體)를 수립하고 제국 전역의 절벽면과 기둥에 특별한 칙령을 새겨 가능한 한 군사력을 쓰지 않겠다고 약속했다. 또 동물에게 자비로워야 한다고 가르치고 "사람과 짐승에게 그늘을 드리울" 바니안나무를 심겠다고 선언했다. 그는 왕족의 운동인 사냥을 불교 성지 순례로 바꾸었으며,[9] 결국은 불교도가 되었지만 자이나교의 가르침을 흡수한 것이 분명했다. 인도의 세 번째 이슬람교도 황제인 아크바르(1556~1605년 재위)는 자이나교 수행자와 2년 동안 공부했다. 이 경험은 그의 정책에 분명히 영향을 주었다. 그는 자이나교 축일에는 동물 도살을 금했고 쥐 소 표범 말 물고기 뱀 양 원숭이 닭 개 돼지를 보호하는 법을 만들었다. 스스로 고기를 먹지 않고 사냥을 그만두었다.[10] 아힘사는 타자가 자신과 같다고 가정하며 이는 모든 생명의 성스러움에 대한 인식으로 나아가는 중요한 단계다. 우리가 뒤늦게 깨닫고 있듯이 인류의 복지는 이 행성의 다른 모든 생명 형태에 의존하고 있다.[11]

인도의 위대한 서사시 《마하바라타》는 기원전 400년경부터 서기 400년경까지 각 세대의 통찰이 보태지면서 수백 년에 걸쳐 진화해 왔다. 출발은 크샤트리아의 서사시였던 것으로 보이지만 결국 브라만 사제들이 완성했다. 이 서사시는 왕 암살이 당연시되고 멸절이 일상이고 다르마*가 사문화되어버린 폭력의 세계를 반영한다. 우리는 이 이야기에서 무시무시한 전투와 소름 끼치는 학살을 읽는다. 이른바 영웅은 뻔뻔스럽게 거짓말을 하고 악당이라 비난받는 적이 고상하게 행동하는 경우도 흔

다르마(dharma) 삶과 우주를 가능하게 만드는 질서와 관습이며 법, 정의, 도덕, 사회생활 따위를 총체적으로 아우른다. 이런 질서를 유지하는 행동까지 다르마에 포함되며 각 사회 계급은 전통적 의무로 다르마를 이행해야 한다.

하다. 고대 인도 쿠루 왕국의 두 왕족이 재앙에 가까운 전쟁을 치른 끝에 크샤트리아 16억 6002만 명이 죽어 양편에는 한 줌의 생존자만 남는다. 그러나 이 서사시의 결말에서 경건하지만 더럽혀진 왕 유디슈티라는 죽음을 목전에 둔 옛 스승 비슈마에게 가르침을 구한다. 폭력과 이기심과 잔혹함으로 파괴된 세계에서 비슈마는 아힘사의 덕에 관해 말하는데, 이것은 이제 힌두 사제들 사이에서는 핵심적인 가르침이 된 것이 분명하다.

자신의 쾌락을 바라
막대기로 무력한 동물을 죽이는 것을 삼가는 자는
행복을 얻을 것이다.

진실로 존재들을 자기 자신처럼 보고
막대기를 버리고
분노를 정복한 그 사람은
다가올 삶에서 행복하게 번창할 것이다.

심지어 신들이라도
소유욕을 버리고자 하고

모든 존재를 자신의 존재와 하나로 보는 사람의
길에서는 당황할 것이다.

타자를 자신과
대립하는 존재로 보지 않는 데
다르마의 핵심이 있으며
욕망 때문에 타자는 계속 (타자가) 된다.

거부하든 주든, 쾌락이든 고통이든
기분이 좋든 좋지 않든
만물을 자기로 보는 사람은 사마디*에 이른다.

사람이 타자들 사이에서 걸어 다닐 때
타자도 그 사람 안에서 걸어 다니게 되니
살아 있는 존재들의 세계에서 이것을 배우게 하라
이것으로 모든 다르마를 배우게 된다.[12]

《마하바라타》는 이 장대한 이야기의 끝에서 악취가 나는 절
단된 주검들이 백만이 넘게 널브러진 전장으로 '타자화'의 불

사마디(samadhi) 명상에 완전히 몰입하여 물리적인 자연 세계에 대한 의식이 사라
진 상태. 음역하여 삼매(三昧)라 칭하기도 한다.

가피한 결과를 보여준다. 이 시는 우리에게 파괴적 자기중심주의와 이기심을 버리고, 유일무이한 '내 것'은 아무것도 없는 듯 '만물을 자기로 보는' 태도를 계발하라고 말한다. 타자를 별도의 범주에 넣는 대신 우리와 다른 만물을 나누는 장벽을 허물 것을 요구한다.

앞으로 나아갈 길

자이나교도의 심오한 감정 이입은 우리에게 우리가 사는 세계가 고통 속에 있음을 깨닫고 우리가 자신과 다른 종에게 끼치는 피해에 주목할 것을 요구한다. 서양에서 마음 챙김은 인기 있는 영적 수련이 되었지만 대개 우리 자신의 행복과 연결되어 있다. 우리는 이 수련을 자이나교도처럼 우리가 매일 다른 인간과 자연에 끼치는 고통을 의식하도록 계발하는 방향으로 확장해야 할 것이다.

완벽한 자이나교도의 삶을 사는 것은 물론 우리 대부분에게 너무 벅찬 일이지만 우리의 행동을 반성하려고 노력할 수는 있다. 조심히 발을 딛고 살며시 물건을 내려놓고, 사물을 망치거나 버리지 않는지 주의를 기울이면 된다. 매일 만나는 모든 것의 생명력을 묵상해야 한다. 이 나무나 저 벌레는 어떤 종류의 실존을 누리고 있는가? 나무나 벌레는 우리가 아는 것과 같은 의식은 없겠지만 신비하고 매혹적인 방식으로 살아 있다. 우리 자신의 종과 다른 종, 심지어 겉으로 보기에 하찮은 종들까지 포함하도록 황금률을 확장해야 한다. 그들의 침묵에서 영감을 얻어 상상력을 발휘해 그들의 삶으로 들어가 우리의 뿌리 깊은 유아론에서 벗어나야 한다. 자이나교도는 상상력을 이용하여 자신이 만나는 모든 것의 성스러움과 연약함과 독특한 정체성을 의식한다. 그들은 자신을 강제하여 종일 매일 모든 것을 세심하게 존중하는 마음으로 살핀다.

로런스 스턴의 고전적 소설 《트리스트럼 샌디》(1759년)에는 이런 관점의 주목할 만한 예가 있다. 주인공의 삼촌 토비는 그런 '평화롭고 평온한 본성'의 소유자라 말 그대로 파리도 해치지 못한다.

가라. 어느 날 저녁 식사 때 그의 코 주위에서 붕붕거리며 저녁 시간 내내 잔인하게 그를 괴롭히던 것, 무한한 시도 끝에 그의 옆을 날아가는 순간 그가 손으로 잡은 특히 큰 것에게 그는 말한다.

나는 너를 해치지 않을 거다. 토비 삼촌은 말하며 의자에서 일어나더니 손에 파리를 쥐고 방을 가로지른다. 나는 네 머리의 털 하나도 해치지 않을 거다. 가라. 그가 말하며 내리닫이창을 들어 올리고 손을 펼쳐 파리가 달아나게 해준다. 가라, 가엾은 녀석. 사라져라. 내가 너를 왜 해치겠느냐? 이 세상은 너와 나 둘 다 들어갈 만큼 넓은 게 분명한데.

그러면서 주인공은 당시 자신은 아이에 불과했지만 이 사건 때문에 "즉시 내 몸 전체가 아주 기쁜 느낌으로 부르르 떨렸다"고 말한다. 그는 "그때 토비 삼촌이 나에게 가르쳐주고 새겨준 보편적 선의의 교훈은 그 이후로 내 마음에서 완전히 사라진 적이 없다"고 덧붙인다.[13] 자이나교도라면 틀림없이 토비 삼촌의 행동을 이해하고 높이 평가할 것이다. 우리는 우리 행동을 관찰하고 모든 피조물의 성스러움과 약함을 생각함으로써 매일 스스로 그런 순간을 창조할 수 있다.

10장

자기 초월과 공감의 동심원

엑스타시스

〈서명〉의 저자 장재는 자연의 모든 것에 독특한 도덕적 능력이 있고 존재의 본질적 통일성을 이해하는 성인은 감정 이입과 상상을 통해 거기에 진입할 수 있다고 믿었다. 앞서 보았듯이 이 믿음은 신비한 통찰이라기보다는 만물 가운데 점점 더 많은 것에 의식적이고 지속적으로 공감을 확장하면 얻게 되는 정신적 태도였다. 중국에서 이런 정신적 태도는 동심원이라는 심상으로 표현되었다. 동심원은 '대평원'의 첫 왕들인 기원전 23세기의 요와 순 임금으로 거슬러 올라간다고 전해졌다. 요와 순의 생각은 수백 년 동안 구전되다가 기원전 4세기에 《서경》(書經, '문서의 고전')에 기록되었고, 이것은 서기 20세기 초까지 중국 지식인이라면 의무적으로 읽어야 하는 책이 되었다.

《서경》은 요 임금을 덕이 있는 사람이라고 묘사한다. "그는 남을 섬기고 지혜롭고 교양 있고 신실하고 온화했다. 진심으로 존중하는 마음을 가졌으며 겸손할 줄 알았다." 그러나 요의 덕은 단지 개인의 자질일 뿐 아니라 사람들을 통솔하는 효과적인 힘이기도 하여 그의 환경에 긍정적 영향을 끼쳤고 파문처럼 퍼져 나가 마침내 온 세상을 끌어안았다. 우선 요는 가족을 소중하게 여겼으며 이웃한 씨족들에게 애정을 펼쳤고, 마침내 그의 덕은 먼 왕국들에 이르렀다.

그의 빛은 제국의 네 끝까지 덮었고 위의 하늘과 아래의 땅으로 넓어졌다. 그는 자신의 위대한 덕을 밝혀 집안의 아홉 지파에게 애정을 보낼 수 있었다. 집안의 아홉 지파가 조화를 이루자 백(百) 씨족을 구별하여 존중했다. 백 씨족이 빛을 발하자 그는 셀수 없이 많은 국가의 조화를 이루어냈다. 수많은 사람이 풍족하게 양육되고 번성하고 어울렸다.[1]

우리의 사고가 점점 고립주의적으로 되어 가 자신의 가족, 나라, 문화에만 집중해서 초점을 맞추고 있는 이때에 중국인이 아주 이른 시기부터 의식적으로 지구적으로 사고하고 가족생활의 의례를 신중하게 설계했다는 사실을 기억하는 것은 중요하다.

동심원의 역학에서 각 원의 확장은 우리가 우리 자신을 초월하고 '나'와 '나의 것'에 대한 강박을 초월할 수밖에 없는 계기를 의미한다. 중국에서 가족생활의 의례는 이런 공감 확장을 습관으로 만들기 위해 신중하게 기획되었다. 우선 부모와 형제를 공경하라고 배웠다. 그런 다음 성숙하고 나이가 들면 가족에서 지역 공동체로 나아가 몸에 밴 족벌주의를 버리라고 배웠다. 그다음에는 지역주의를 극복하고 국가 전체에 봉사하는 법을 배워야 했다. 마지막으로 공감을 인류 전체로 펼치면서 애국주의를 넘어서야 했다.

하지만 우리는 여기에 새로운 원, 인간에 대한 집중을 초월하는 원을 보태야 한다. 마침내 우리 존재 자체가 자연에 의존하고 있음을 깨달으면 우리의 인간중심주의를 버리고 우리의 궁극적 관심에 우주 전체를 포함할 때가 올 것이다. 공자는 말했다. "너 자신을 세우고자 한다면 남 먼저 세워라." 오늘날에는 이 '남'에 만물을 모두 포함해야 한다.

물론 서기 10세기에 중국인은 이미 이런 가르침을 알고 있었다. 우리가 앞서 살펴보았던 《예경》의 한 장인 〈대학〉은 군자가 단계적으로 사회적 · 정치적 책임을 다하도록 준비시켰다. 정치적 행동을 하기 전에 깨달음에 이르러야 한다고 믿는 불교도와 달리 신유가는 정치적 참여가 우리의 영적 발전에 필수적이라고 주장했다. 〈대학〉에서도 저자는 이런 공감의 확대를 일련의 동심원들로 본다. 그러나 이번에는 군자(君子)의 정치적 책임에서 시작하는데, 이것은 자연 '사물'의 연구에 뿌리를 둔 자기 계발의 심리학적 과정을 요구한다.

세상 전체에 밝은 덕을 비추고 싶은 옛사람은 먼저 나라를 다스렸다. 나라를 다스리고 싶으면 먼저 가족의 질서를 잡았다. 가족의 질서를 잡고 싶은 사람은 먼저 자기 자신을 계발했다. 마음을 바로잡고 싶은 사람은 먼저 생각을 진실하게 만들었다. 생각을 진실하게 만들고 싶은 사람은 먼저 앎을 확대했다. 앎의 확대는 사물의 연구(격물格物)에서 비롯된다.

중국인이 자연의 '사물'(물物)에 관해 말할 때 무엇을 의미하는지 분명하게 알 필요가 있다. '사물'이라는 단어에 서양과는 사뭇 다른 의미가 담겨 있기 때문이다. 《옥스퍼드 영어 사전》은

'사물(thing)'을 "생명이나 의식이 없는 존재, 살아 있지 않은 대상"으로 정의한다. 또 "살아 있는 사람에게는 경멸, 책망, 연민을 전달할 때만 적용하는 표현"이라고 규정한다. 그러나 중국인의 물(物)이라는 말에는 매우 다른 의미가 함축돼 있음을 이미 보았다. 정이는 제자들에게 주위의 모든 '사물'을 깊이 들여다보라고 말했다. 그 각각에 '원리', 즉 가장 초라한 대상이라도 귀하고 의미 있게 만드는 성스러운 특질이나 본질이 있기 때문이다. 이런 자각 때문에 주돈이는 창밖의 풀을 베는 것을 그렇게 망설였고, 〈서명〉에서 장재도 만물이 생명 없는 대상이 아니라 친구이자 동등한 존재로 대접받아야 한다고 분명히 밝혔다.

물론 이런 관점이 자연의 '사물'을 의인화하여 그들에게 인간적 특질을 부여하라는 뜻은 아니다. 각각의 성스러운 원리는 독특하며, 각 '사물'은 우리와는 완전히 다른 그 나름의 존재 방식과 의식이 있고 그 자체로 존중받아야 한다. 이렇게 자연의 모든 '사물'에 대해 신중하게 계발된 관심과 존중은 자이나교 영성의 핵심에도 자리 잡고 있고 파리를 걱정하는 토비 삼촌에게도 영향을 주었다. 우리의 근대는 '사물'에 대한 공경을 기르지 못해서 심각한 환경 위기를 맞이했다. 따라서 우리 행성을 구하려면 모든 자연 사물이 우리의 궁극적 관심과 분리될 수 없다는 이런 오래된 확신을 길러내야 한다. 우리 인간은 사물의 밑에 깔린 통일성을 의식적으로, 의도적으로, 상상력으로 인식할 능력이 있다. 〈대학〉은 하늘을 다 끌어안을 만큼 가지를 뻗지만 뿌리는 땅에 깊이 박은 나무의 이미지로 그 점을 설명했다. 더 넓은 세계에 관한 앎과 좋은 통치는 자연 세계에 근거를 두어야 한다는 뜻이다.

다른 구절에서 이 동심원은 자연의 물(物)로부터 개인의 마음, 나아가 그의 가족, 마침내 온 세상을 향해 움직여 간다.

사물(물)을 연구할 때만 앎이 확장된다. 앎이 확장될 때만 생각이 진실해진다. 생각이 진실해질 때만 마음이 바로잡힌다. 마음이 바로잡힐 때만 사람은 계발된다. 사람이 계발될 때만 가족에게 질서가 잡힌다. 가족에게 질서가 잡힐 때만 국가를 잘 다스린다. 국가를 잘 다스릴 때만 세상에 평화가 온다.

〈대학〉은 개인에게 호소하면서 끝난다. 세상의 운명을 정치 지도자들의 손에만 맡겨 둘 수가 없기 때문이다. 우리 한 사람 한 사람이 책임을 져야 한다. 우리 모두 각자 너무 늦기 전에 우선순위를 설정하고 우리를 둘러싸고 있는 공동체와 생태계 내에서, 또 국제적으로 세상의 평화와 완결성을 보장하기 위해 할 수 있는 모든 방식으로 기여해야 한다.

'하늘의 아들'(천자天子)로부터 보통 사람들에 이르기까지 모두 예외 없이 사람을 계발하는 것을 뿌리로 보아야 한다. 뿌리가 무질서한데 가지가 질서 정연한 일은 있을 수 없다. 중요한 것을 가볍게 보고 하찮은 것을 무겁게 보는 일은 없어야 한다. 이것을 두고 뿌리를 아는 것이라 부른다. 앎의 완전함이라고 부른다.

각 동심원을 통과하는 것은 우리와 남 사이에 놓인 또 하나의 장벽을 넘어서는 순간을 의미한다. 이것은 단번에 완전하게 이행되는 과정이 아니다. 오히려 우리 자신을 넘어서서 밖으로 뻗어 나가도록 격려하는 지속적 역학을 보여준다. 그 어느 때보다 가깝게 얽혀 살면서도 위험할 정도로 서로 소외된 상태인 오늘날에는 자신을 넘어서려는 시도가 절실하게 필요하다. 세계 각지에서 지금 같은 민족주의가 분출하는 것은 자기 고립을 향한 충동을 드러내지만, 코로나19 팬데믹이 아주 분명하게 보여주듯이 고립은 불가능하다.

동심원이라는 중국의 개념은 우리의 곤경을 극복하는 데 필요한 깨달음과 자기 초월에 이르는 한 가지 접근법을 보여줄 뿐이다. 붓다는 다른 접근법을 제시한다. 붓다는 요가 자세로 눈을 감고 앉아 자기 존재의 깊은 곳에 몰입한 것처럼 묘사되는 일이 많다. 그러나 사실 붓다가 깨달음을 성취하게 해준 묵상은 자기와 이기심의 초월에 기초를 두고 있으며, 이 초월은 무자비하게 확장하며 바깥을 바라보는 것이었다. 그는 이런 새로운 형태의 묵상이 탐욕과 자기중심주의의 지배에서 벗어난 새로운 종류의 인간을 창조할 것이라고 믿었다. 이제 동정이 자기 징벌적 금욕주의를 대신했다. 전통적으로 요가 수행자는 무아경의 집중에서 연속적인 네 자나*를 통과하여 더 높은 의식 상태에 이르는 법을 배웠는데, 단계가 올라갈수록 더 큰 영적 통찰을 얻을 수 있었다. 그러나 붓다는 깨달음에 도달하려고 노력하면서 각 자나를 자신이 '가없는 상태'(아파마나 appamana)라고 부른 것과 합쳤다. 그는 매일 의도적으로 사랑의 감정—"아무런 증오를 모르는 그 거대하고 드넓고 가없는 느낌"—을 불러내고 그것을 세상의 네 모퉁이 가운데 한 곳으로 향하게 했다. 이 사랑에는 선택적인 면이 전혀 없었다. 이 자비의 영역에는 단 하나의 살아 있는 식물도 동물도 악마도 친

자나(jhāna, 선禪) 생각을 쉬고 진리를 바라보는 불교 수행법.

구도 적도 빠지지 않았다.

　붓다는 첫 번째 자나에서 만인과 만물에 대한 애정의 느낌을 계발했다. 이것은 쉽지 않았다. 우리 대부분에게는 좋아함과 싫어함이 깊이 새겨져 있다. 어떤 것은 기껍게 여기고 어떤 것은 비난한다. 그러나 이런 선호는 우리의 자기중심주의와 자존심의 여러 면을 반영하는 경우가 많다. 우리는 어떤 사람이나 사물을 비난하여 스스로 의롭다는 흥분 상태를 얻는다. 그러나 우리는 우리가 그들에 관해 아는 게 매우 적다는 것, 우리가 삶을 다르게 경험했다면 완전히 다른 인식을 가질 수도 있었다는 것을 스스로 상기해야 한다. 붓다는 이 첫 번째 자나를 터득하자 두 번째 자나로 나아가 감정 이입을 통하여 다른 사람이나 사물과 함께 괴로워하게 되었다. 어린 시절 경작지에서 풀과 벌레의 고통을 느꼈던 것과 마찬가지였다. 이번에도 동정을 느끼는 데 선별적인 면은 전혀 없었다. 자신에게 자연스러운 사람이나 사물에 감정 이입을 하는 것만으로는 충분치 않았다. 붓다는 예외 없이 다른 모든 존재, 심지어 자신이 싫어하는 사람이나 '사물'과도 함께 느껴야 했다. 세 번째 자나에서는 '공감의 기쁨'을 계발하고 자신에게 되돌아올 결과에 대한 생각 없이 다른 존재의 행복에 기쁨을 느꼈다.

마침내 네 번째 자나에 이르렀을 때 붓다는 타자의 행복과 고통에 깊이 몰입한 결과 끌림도 반감도 느끼지 않는 완전한 평정을 얻었다. 이것은 도달하기도 유지하기도 극히 어려운 상태였다. 요가 수행자는 기계적으로 다른 사물이나 사람이 자신에게 득이 되거나 괴로움을 줄 수도 있는 방식을 알아보려 하는 매우 본능적인 자기중심성을 벗어버려야 했기 때문이다.[2] 붓다는 자비를 위해 모든 개인적 관심을 버려야 했다. 당시 전통적 요가는 요가 수행자 안에 그 무엇에도 휘둘리지 않는 자율성을 구축한 반면 붓다는 다른 모든 존재에 대한 사랑의 행위 속에서 자신을 초월하고 있었다.

가엾음은 우리가 자신의 약한 에고를 보호하기 위해 우리 자신과 타자 사이에 세우는 장벽을 허물기 위해 기획되었다. 붓다의 마음은 관습적인 경계와 자기에 대한 관심에서 점차 자유로워지면서 "한계 없이 드넓어지고 증오나 작은 악의 없이 고양되었다."[3] 그러나 그런 엄격한 체계는 모두를 위한 것은 아니었다. 실제로 오늘날 요가를 하는 사람들 가운데 자기중심성의 근본적 소멸을 바라거나 실행에 옮길 수 있는 사람은 많지 않다. 붓다는 이 점을 잘 알고 있었다. 붓다는 한번은 갠지스 분지의 북쪽 끝 변두리에 사는 칼라마나인들에게 설법한 적이 있었다. 그들은 새로운 가르침 몇 가지의 복잡성에 혼란을 느끼고 있었다. 붓다는 그들에게 평범한 사람도 가엾음의 한 형태를 실행에 옮길 수 있는 명상 기법을 소개해주었다. 우선 마음에서 악한 의도와 질투를 모두 비워야 한다. 이런 부정적 상태를 중지하고 나서 자비의 느낌을 사방으로 향하게 해야 한다. 이 과정에서 "풍요롭고 고양되고 측량할 길 없는 자비"에 잠기면서, 자기중심적이며 제한된 세계관에 자신을 가두던 장벽을 뚫고 비록 한순간이나마 자신을 자기로부터 끄집어내 "위로, 아래로, 둘레로, 어디로나" 뻗어 가는 엑스타시스를 경험하게 된다. 칼라마인들은 마음이 확장되는 것을 느꼈다.[4] 이 상태는 《팔리어 경전》에 나오는 한 시에 잘 설명되어 있다.

모든 존재가 행복하기를! 약하든 강하든, 지위가 높든 중간이든 낮든,

작든 크든, 보이든 보이지 않든, 가까이 있든 멀리 있든,

살아 있든 아직 태어나지 않았든 그들 모두 완벽하게 행복하게 하소서!

아무도 누구에게도 거짓말을 하거나 어디에 있는 누구든 경멸

하지 말기를.

아무도 분노에서든 증오에서든 어떤 피조물에게도 해가 될 일을 바라지 않게 하소서!

어머니가 하나뿐인 자식에게 하듯이 모든 피조물을 소중하게 여기기를!

우리의 애정 어린 생각이 온 세상을, 위든 아래든 가로질러서든 채우게 하소서, 한계 없이. 온 세상을 향해 가없는 선의를 품게 하소서.

제약 없이, 증오와 적의로부터 자유롭게.[5]

이 간단한 기도는 어떤 성자나 신을 향한 것이 아니며, 매일 독송하거나 명상할 수 있다. 그러면 우리가 이 장에서 생각해 본 너그러운 확장을 점차 구축하는 데 도움이 될 것이다.

앞으로 나아갈 길

우리는 나라, 정치, 인종이나 다른 이념적 장벽을 초월하여 같은 인간에 대한 감정 이입뿐만 아니라 자연 만물을 향한 책임감과 사랑을 긴급히 계발할 필요가 있다. 붓다의 기도가 '모든 피조물'—보이든 보이지 않든, 살아 있든 아직 태어나지 않았든, 인간이든 자연이든—을 위한 것임에 주목하라. 필요한 것은 제약 없는 선의다. 이것이 단지 막연하고 경건한 소망일 수는 없다. 코로나19 팬데믹은 자연의 힘과 우리의 약함을 보여주었다. 또 우리가 서로 얼마나 연결되어 있는지도 보여주었다. 팬데믹 전에 세계 전역에서 환경에 대한 새로운 관심이 분출했다. 그러나 봉쇄된 후에는 정상으로 돌아가기를 간절히 바라면서 사라진 자유를 회복하겠다고 결심하고 다시 먼 휴양지에서 보내는 휴가를 꿈꾼다. 이런 자유를 누릴 여유가 있을까? 항공 여행이 대기에 주는 피해를 알면서도 전처럼 당당하게 비행기에 그냥 올라탈 수 있을까? 이 행성을 구하고 싶다면 우리는 이 문제를 세계 모든 곳의 이웃과 함께 지구적으로 생각해야 한다.

유학자 투웨이밍은 새로운 형태의 동심원을 제안했다.[6] 이것은 〈대학〉에서처럼 자기에게 노력을 기울이는 데서 시작한다. 요즘에는 이런 노력을 너무 많이 한다고 말할지도 모른다. 실제로 우리는 자신의 건강과 복지, 개인적 발전에 지나치게 초점을 맞추고 있기 때문이다. 그러나 이 단계는 투웨이밍이 계몽주의 정신의 어두운 면이라고 부르는 것, 알고자 하는 욕망만이 아니라 정복하고 누르고자 하는 욕망이 연료가 되어 우리 모두에게 어느 정도 존재하는 면의 재검토를 포함한다. 우리 대부분은 정치적으로 이런 재검토를 할 수 있는 처지가 아니지만, 우리 자신을 부풀리기 위해 여러 방식으로 하찮게 여기고 있는 가족 구성원, 동료, 친구, 경쟁자와 우리의 상호작용을 의식해야 한다. 그다음에는 우리의 가족 감각을 발전시키기위해 동정심을 확장해야 하는데, 이 가족에는 우리가 싫어하거나 우리를 못마땅하게 여기는 구성원도 포함해야 한다. 그다음에는 우리 공동체를 생각하는데, 이 점에서는 근대 테크놀로지와 통신이 우리가 공동체를 넓히고 지역주의를 넘어서는 데 도움을 줄 수 있다. 다음 원은 사회를 포괄하는데, 조지 플로이드 살해와 같은 인종주의적 사건에서 계속 표면화되는 민족중심주의를 씻어내야 한다. 우리는 계속 민족국가에서 살고 있지만 민족주의는 개혁되어야 한다. 세계 전쟁을 낳았고 최근에도 전 세계에서 다시 부상하고 있는 쇼비니즘을 민족주의에서 씻어내야 한다. 마지막으로 우리 모두를 담고 있는 우주로 뻗어 나가는데 여기에서 우리는 인간과 자연 사이의 조화를 확립하기 위해 노력해야 한다.

위대한 중국 학자이자 정치가 왕양명(王陽明, 1472~1529년)
은 〈대학〉에 대한 논의에서 인간은 인간 중심적으로 타고나지
않았다고 주장한다. 그는 곧 도살당할 동물의 애처로운 울음을
듣는 아이는 그 동물의 고통을 견디기 힘들어한다며 이는 인간
이 다른 존재나 사물과 "한몸을 이룬다"는 사실을 증명한다고
지적한다.

아이는 식물이 꺾이거나 파괴되는 것을 보면 연민을 느끼지 않
을 수 없다. 이것은 아이의 인간성이 식물과 한몸을 이룸을 보여
준다. … 그러나 아이는 기와나 돌이 박살 나고 짓밟히는 것을 볼
때도 안타까움을 느끼지 않을 수 없다. … 이것은 작은 인간의 마
음조차 반드시 모든 것과 한몸을 이루는 인간성을 지니고 있음을
뜻한다.[7]

그러나 우리는 동물, 식물, 다른 '사물'과 같은 본성을 공유
하는 데서 끝나지 않는다. 《중용》이 말하듯이 인간성은 하늘·
땅과 삼위일체를 이루기도 한다.

투웨이밍은 우리가 계몽주의의 인간 중심 에토스를 이루는

세속적 휴머니즘을 넘어서야 한다고 주장한다. 우리는 개인을 공동체와 결합하고 인간 종과 비인간 세계 사이의 조화를 보존하는 '인간 우주적' 정신을 발전시켜야 한다. 자연에 내재하는 성스러움에 대한 이런 근본적인 감각은 생명의 본질인 기의 역동적 활력에 의존하는데 다른 사람들은 기를 도, 브라흐만, 하느님, 성스러운 존재로 불렀다. 기는 지속적인 창조성과 자연 갱신의 핵심에 자리 잡고 있으며, 우리는 이것을 이 책의 서두에서 탐사했다.

우리는 투웨이밍의 동심원 묵상을 우리 일과의 하나로 삼아 개를 산책시킬 때, 일터로 갈 때, 심지어 따분한 일을 할 때 15분이나 20분 동안 수행해야 한다. 목표는 마음을 '가까이 있는 것'으로부터 확장하여 자기중심주의와 자존심이라는 습관의 장벽을 부수고 모든 동료 피조물이나 자연 세계가 우리와 심오하게 관련되어 있음을, 그리고 우리가 사실은 그것들에 의존하고 있음을 깨닫는 것이다. 그 과정에서 우리는 마음과 감정의 새로운 습관을 발전시키게 될 것이다. 아마 우리는 자연에서 시작하여 바로 우리 주변의 환경을 꼼꼼히 살피고 나무나 꽃이나 새의 노래나 구름의 아름다움을 의식하게 될 것이다. 그러다 마침내 자연은 우리 삶의 배경이 아니라 일상의 경이가 될 것이다. 우리는 또 자연을 단지 자원 이상의 것으로 만드는 본질적인 '신성' 또는 '다름'을 자연에서 인식해야 하고, 현자들이 자연의 신비와 불가해성에 관해 한 말을 기억해야 한다. 이 원을 넘어서고 나서야 비로소 우리의 마음이 욥의 마음처럼 뻗어나가는 것을 느낄 수 있다. 또는 욥처럼 우리 앎의 한계를 인식하고 손으로 입을 가리게 된다.

우리와 같은 인간을 포함하는 원들을 끌어안으려 나아갈 때 우리는 동정, 즉 '함께 느끼는' 능력을 우리가 알거나 이해하지 못하는 사람들에게까지 확장해야 한다. 우리의 차이를 인정하면서 어떤 하나의 세계관으로는 불충분하다는 점에 주목해야 하며 우리와 민족, 계급, 성, 국적, 정치, 종교적 믿음을 공유하지 않는 사람들을 향한 우리의 무관심을 뉘우쳐야 한다.

붓다의 기도 "모든 존재가 행복하게 하소서"를 사려 깊게 독송하며 끝내야 한다. 이 기도는 신이 아니라 우리 자신에게 하는 것임에 주목해야 한다. 이것은 우리의 동정과 공감을 예외 없이 다른 모두에게 확장할 것을 우리에게 요구하는 것이다. 이 기도문의 강렬한 포괄성과 어떤 종류든 경계를 받아들이려 하지 않는 태도에 주목해야 한다. 감정 이입은 "온 세상을 향한 한계 없고 가없는 선의로서 제약이 없으며 증오와 적의로부터 자유롭다." 우리는 붓다가 자신의 영혼을 갈고닦는 것이 아니라 광대한 사랑의 감정을 세상 모든 존재로 향하게 함으로써 깨달음을 얻었음을 기억해야 한다. 우리는 니르바나에 이르지 못할 수도 있지만 이 기도문의 정신은 우리의 능력 안에 있으며 세계의 안녕에 필수적이다.

침묵과 고독과 조용한 기쁨

우리는 워즈워스의 유년 시절 비전과 함께 성스러운 자연 탐사를 시작했다. 이 비전에서는 모든 초원과 숲과 시내가 '천상의 빛'에 물들어 있는 것으로 보였으나, 이 빛은 그가 어른이 되면서 희미해졌다. 그러나 워즈워스는 뒤에 쓴 시에서 자연 세계를 다르게 보는 법을 '배웠다'고 말한다. 묵상의 마음을 계발함으로써 '축복받은 분위기'에 이르렀는데, 워즈워스는 그때를 이렇게 말했다.

… 조화의 힘, 또 기쁨의 깊은 힘으로

고요해진 눈으로

우리는 사물의 생명을 들여다본다.[1]

이 '축복받은 분위기'는 유가와 도가, 힌두교도와 불교도, 그리스인과 수피교도가 수백 년 동안 계발해 온 것과 분명히 비슷하다. 우리는 지금까지 그들 또한 현실의 표면 밑을 살펴 자연의 '사물'에 내재한 성스러움을 발견할 수 있는 수용적 마음 상태를 요가, 정좌, 명상, 시, 제의에서 발전시킨 것을 보았다.

이 책의 끝에 다다를수록 워즈워스의 친구이자 동료인 시인 새뮤얼 테일러 콜리지(1772~1834년)가 자연 세계를 보는 방식을 살피는 게 적절하게 느껴진다. 그도 우리에게 중요한 메시지를 전하기 때문이다. 콜리지는 자연의 경이를 감상하려면 침묵과 어느 정도의 고독이 필요하다는 것을 알았다. 그럴 때만 자연이 살아나 우리의 의식 깊이 들어온다. 시 〈한밤의 서리〉에서 우리는 콜리지가 불 가에 앉아 아직 아기인 아들을 살피는 모습을 본다. 집은 고요하고 평온하다. 시인은 긴장을 풀고 자신의 오두막 밖 자연의 강렬한 적막을 의식하며 신유가의 정좌 수행과 다르지 않은 방식으로 자신의 마음이 떠돌게 놓아 둔다.

서리는 어떤 바람의 도움도 받지 않고
자신의 은밀한 직분을 수행한다.[2]

콜리지는 서리가 단지 기온 강하의 결과라는 물리적 현상이 아니며 마치 무(無)처럼 보이는 것에서 신비하게 나타나 그 나름의 은밀한 생명, 데이비드 에이브럼이 그 비 오는 밤 산의 동굴에서 본 거미집처럼 복잡하고 복합적인 생명을 가지고 있다는 사실을 알고 있다. 콜리지는 서리에 일종의 생명과 목적이 있다고 보는데 이것은 아마도 우리 자신의 생명과는 다르겠지만 우리가 관계를 맺을 수 있는 것이다. 이런 식으로 자연의 '사물'은 우리 벗이 된다. 새끼 올빼미의 울음밖에 들리지 않는 적막은 너무 강렬하여 마음이 흩어지게 할 정도다. "그 이상하고 강렬한 고요로 / 명상을 혼란에 빠뜨린다."[3] 그러나 그 덕분에 결국 깊은 생각에 잠길 수 있다.

따라서 자연 세계의 성스러움과 잠깐이라도 만나려면 오늘날에는 얻기 힘든 고요와 고독이 어느 정도 필요하다. 사실 우리는 적막을 이질적이라고 생각하여 우리 삶에서 의도적으로 제거할 때가 많은 듯하다. 우리는 운동을 하거나 공원을 걸을 때 이어폰을 끼고 사람 없는 해변에서 지칠 줄 모르고 휴대 전화로 잡담을 한다. 그 결과 자연의 소리는 뒤로 물러나 우리의 마음과 감정으로부터 점점 멀어지게 된다. 환경 위기를 멈추고 싶다면 먼저 콜리지처럼 자연 세계의 침묵을 받아들이려고 노력하여 매일 조금씩 그것을 우리 삶 속으로 가져와야 한다. 콜리지는 "자연의 숨죽임"이 자기 마음의 고요와 조화를 이룬다고 느끼자 어린 아들이 자신이 그랬던 것과는 달리 읍내나 도시에서 자라지 않고 "호숫가와 모래 해안을 / 바람처럼 방랑"하게 하겠다고 다짐한다. 자연에 잠기면 아이는 보고 듣게 될 것이다.

> 영원 전부터 만물 안에 있는 자기 자신,
>
> 그리고 자신 안에 있는 만물을 가르치는
>
> 네 하느님의 입에서 나오는 영원한 언어를
>
> 이해하는 아름다운 형태와 소리를.[4]

콜리지는 주의를 기울인 결과 뉴턴이나 데카르트의 하느님처럼 하늘에 제한된 신을 경험하지 않고 우리가 이 책에서 만난 거의 모든 위대한 시인, 신비주의자, 철학자와 마찬가지로 신성이 자연과 분리될 수 없음을 본다. 〈한밤의 서리〉보다 먼저 쓴 〈아이올로스의 하프〉에서는 독자에게 스스로 비슷한 의식을 계발할 것을 요구한 적이 있다.

> 오! 이것이 모든 움직임과 만나 그 영혼이 되는
> 우리 안과 밖에 있는 하나의 생명
> 소리 안의 빛, 빛 안의 소리 같은 힘,
> 모든 생각 속의 박자, 모든 곳에서 터지는 기쁨.[5]

현실 전체를 결합하는 이 '하나의 생명'의 비전은 중국의 기 개념, 인도의 브라흐만 개념, 이븐 알-아라비가 말하는 모든 존재의 핵심에 있는 신의 슬픔의 한숨을 떠올리게 한다.

'하나의 생명'은 또 콜리지의 가장 유명한 시 〈늙은 뱃사람의 노래〉의 추동력이기도 한데, 이 시는 오늘날 우리에게도 엄중한 메시지를 전달한다. 중세 말 발라드 스타일로 쓰고 일부러 고색창연한 언어를 사용했지만 이 시는 우리가 당면한 환경 위기를 직접적으로 거론한다. 문학 평론가들은 이 시의 배경이 중세 말이라고 생각하는데 이때는 우리가 보았듯이 옥스퍼드, 볼로냐, 파리의 신학자들이 신과 자연을 분리하는 새로운 신학을 만들어내기 시작한 시기다. 이 이야기는 어느 결혼식에서 시작하는데, 그곳에서 "흰 턱수염이 길고 눈이 반짝이는"[6] 나이 든 뱃사람이 하객 한 사람을 붙들고 잔치에 참여하는 것을 막는다. 뱃사람은 비극적이고 마음이 빨려 들 듯한 그의 마지막 항해 이야기를 들려준다. 배는 처음에는 맑은 날씨에 남쪽을 향해 잘 나아갔지만 남극 지역에 들어서자 빙산과 안개와 눈 덮인 절벽으로 이루어진 무시무시하고 이질적인 세계 안에 정지한 채 꼼짝도 하지 못했다. 그러다 갑자기 몸이 희고 크며 날개가 길고 늘씬한 새 앨버트로스가 안개를 뚫고 날아와 배에 앉았다. 극적으로 나타난 새는 길조로 보여 선원들은 환호하며 새에게 먹을 것을 주고 하느님의 이름으로 환영했다. 앨버트로스가 보호하듯 머리 위에서 맴을 도는 가운데 키잡이는 얼음을 뚫고 나아갔으며 배는 순풍을 만나 온화한 기후로 들어갔다.

하지만 이 지점에서 뱃사람은 갑자기 창백해진다. "하느님이 보살펴주시기를, 늙은 뱃사람이여." 결혼식 하객이 외친다. "왜 그런 얼굴입니까?" 뱃사람은 깜짝 놀랄 만큼 짧게 답한다.

내가 석궁으로
그 앨버트로스를 쏘았소.[7]

뱃사람은 이 행동을 변명하지 않는다. 또 설명하려고도 하지 않는다. 하지만 이 자연발생적이고 분별없는 행동, 우리가 자연 세계와 공유하고 있는 '하나의 생명'의 성스러움을 침해하는 행동이 무시무시한 결과를 낳은 것을 우리는 알게 된다.

이 뱃사람과 마찬가지로 우리는 모두 자연에 범죄를 저지르지만, 그것이 너무 하찮고 주목할 가치도 없어서 별것 아니라고 생각하고 다른 사람과 의논하는 것은 꿈도 꾸지 않는다. 피해를 준다고 알고 있는 행동을 의도적으로 못 본 체한다는 것이 아니다. 환경주의자들이 쉼 없이 경고하는데도 우리가 하는 일을 그냥 중요하게 보지 않는다는 것이다. 변명하거나 해명할 필요를 느끼지 않는다. 결국 바다로 가서 해양 생명을 위태롭게 할 것을 알면서도 여전히 플라스틱을 버린다. 걷거나 대중교통을 이용해서 쉽게 갈 수 있을 때도 차를 몰고 장을 보러 가는 것을 아무렇지도 않게 생각한다. 대기를 오염시키는 것을 알면서도 비행을 인간의 권리로 여기는 듯하다. 그 뱃사람과 마찬가지로 우리는 이런 행동을 마음에서 지워버리며 그 행동의 영향에 관해 논의하는 일은 거의 없다. 만일 자연의 영이 개입하지 않았다면 그 뱃사람도 순간적인 변덕으로 죽인 앨버트로스를 잊었을 게 분명하다.

처음에는 이 범죄에 아무런 여파가 없었다. 오히려 날씨는 나아지고 처음에는 냉혹한 앨버트로스 학살에 경악했던 선원들도 마음이 바뀌어 뱃사람의 죄의 공모자가 된다.

옳은 일이오, 그들은 말했다. 안개를 가져오는

그런 새를 죽이는 것은.[8]

그러나 배가 태평양에 진입하자 자연이 복수하기 시작한다. 배는 이글거리는 태양 아래 정지하여 움직이지 않는다. 서술자는 말한다. "물이 바닥나 모든 혀가 뿌리부터 말라붙었다."[9] 자연 자체가 혐오감을 주는 듯했다. "그래, 끈적거리는 바다 위에서 / 끈적거리는 것들이 기어 다녔소."[10] 선원들은 이제 자신들의 곤경이 뱃사람 탓이라고 비난하며 그가 지금까지 목에 걸고 있던 십자가를 떼어내고 앨버트로스의 주검을 걸었다. 선원들은 물이 없고 말도 할 수 없는 상태에서 증오 가득한 눈으로 뱃사람을 보며 한 명씩 죽었다. 뱃사람이 떠올리길, 그들의 영혼은 "석궁이 날아가듯" 그를 지나갔다.[11] 마침내 뱃사람은 두려움에 사로잡힌 채 혼자 남았다.

그렇게 아름답던 그 많은 사람

그들은 모두 죽어 누워 있었소.

끈끈한 것들은 수도 없이

계속 살아 있었고, 나도 마찬가지였소.[12]

이 뱃사람은 자연 세계는 경멸할 뿐이고 인간 종만 귀중하게 여긴다. 아마도 우리 자신의 행동의 많은 부분에서 기저를 이루는 태도일 것이다.

그러나 이 뱃사람을 구한 것은 자연 세계다. 그는 이레 동안 죽은 동료들 옆에 누워 있었고, 그들 눈에 남은 저주를 견딜 수가 없었다. 그러다 어느 밤 우연히 하늘로 눈을 돌렸을 때 달이 뜨는 것을 본다. 그때까지 뱃사람은 '초승달'이나 '별에 쫓기는 달'을 진짜 생명이 없는 먼 천체로만 여기고 관심을 두지 않았다. 그러나 갑자기 변화가 생긴다.

달이 움직여 하늘을 올라가는데

아무 데서도 머물지 않고

별을 한두 개 거느리며

부드럽게 위로 올라갔소.[13]

이 연 옆에 적은 콜리지의 주석이 사실 운문 자체보다 '시적'인데, 이것은 이 뱃사람의 마음에 일어난 갑작스러운 변화를 묘사한다.

그는 홀로 꼼짝도 못 하면서 여행하는 달과, 머물러 있으면서도 계속 앞으로 움직이는 별을 갈망한다. 하늘 어느 곳이나 그들에게 속해 있고 이곳이 그들의 지정된 안식처이며 고향 땅이고 그들 자신의 본래의 집이며, 그들은 당연히 돌아올 것으로 예상되는 주인처럼 알리지 않고 그곳으로 들어가고, 그들이 도착하면 조용한 기쁨이 찾아온다.

뱃사람은 자신의 곤경과 여행하는 달 사이에 친화성을 느낀다. 그 자신이 여행자로서 갑자기 귀향, 동료애, 타자―단지 다른 인간이 아니라 모든 타자―와의 교감에서 오는 '조용한 기쁨'을 갈망하게 된다. 자연을 비활성 상태이고 기계적이고 자신과 분리된 것으로 여겨 관찰만 하는 게 아니라 자신의 상상력으로 자연에 생명을 부여하면서 달과 깊은 동료애를 느낀다. 다시 바다를 보니 물뱀이 보이는데, 전에는 역겹고 '끈적거리는 것'으로 치부해버렸던 물뱀도 새로운 눈으로 보게 된다.

그들은 빛나는 하얀 길로 움직였고

그들이 고개를 들자 요정 같은 빛이

하얗게 센 조각으로 떨어져 나왔소.

배의 그림자 안에서

나는 그들의 화려한 옷을 지켜보았소.

파란색, 광택이 나는 녹색, 벨벳 같은 검은색,

그들은 똬리를 틀었다가 헤엄을 쳤고, 가는 길마다

황금 불이 번쩍거렸소.

오, 살아 있는 행복한 것들이여! 어떤 혀로도

그들의 아름다움을 표현할 수 없을 거요.

내 심장에서 사랑의 샘이 용솟음쳐

나도 모르게 그들을 축복했소.[14)

이것은 엑스타시스, 에고 '밖으로 나가' 감각이 사라지는 자기 몰입의 순간이다. 이와 동시에 저주가 풀린다. 뱃사람은 기도를 할 수 있고 앨버트로스는 그의 목에서 떨어져 "납처럼 바닷속으로" 들어간다.[15)

자연 세계를 구원하기 위해 우리도 그 세계와 우리 자신을 감정적으로 일치시키는 것을 배우고 우리와 그 세계의 친화성, 또 우리가 그 세계에 전적으로 의존하고 있다는 사실을 깨달아야 한다. 우리 스스로 자연의 표면 밑을 보고 성스러움을 경험해야 한다. 유대교 신비주의자, 이슬람교도, 기독교도, 유가, 도가, 힌두교도는 수백 년 동안 그렇게 했는데 과학적 연구가 아니라 창조성과 예술로, 제의와 시와 음악과 정신생활에 심오한 영향을 주는 신체의 움직임으로 그렇게 했다. 우리도 자연을 더 친밀하게 보는 법을 배워야 하며, 여기에는 상상력이 필요하다.

뱃사람의 갑작스러운 비전은 지나가는 단계가 아니다. 그는 집으로 가는 항해에서 새의 노래를 들으며 이를 통해 발견한, 힘겹게 얻은 통찰 덕분에 이제 하늘과 땅과 자연 사이의 관련성을 볼 수 있다는 것을 알게 된다.

모든 악기와 같다가
외로운 플루트 같기도 했소.
또 하늘을 잠잠케 하는
천사의 노래이기도 했소.

노래는 그쳤소. 그래도 돛은
정오까지 유쾌한 소리를 냈소.
잎이 우거진 유월
잠든 숲에서 밤새
고요한 노래를 부르는
감추어진 냇물의 소리처럼.[16]

하지만 우리의 사랑을 자연 세계에만 한정할 수는 없다. 사랑은 우리와 같은 인간들에게까지 확장되어야 한다. 뱃사람은 이 교훈도 배웠다. 그는 결혼식 하객에게 자신은 영원히 추방자이자 외부인으로 남겠지만 그래도 한 가지 위안이 있다고 말한다.

선한 벗들과 함께
교회에 함께 걸어가는 것!

교회에 함께 걸어가
함께 기도하는 것.[17]

기도는 초자연적인 하느님과 개인적으로만 결합하는 것일
수 없다. 거기에는 다른 인간들과 자연의 '사물'이 포함되어야
한다.

기도를 잘하는 사람이란
사람과 새와 짐승을 모두 잘 사랑하는 사람.

기도를 가장 잘하는 사람이란
크든 작든 만물을 사랑하는 사람.
우리를 사랑하는 귀한 하느님,
그분이 모든 것을 만들고 사랑하기에.[18]

시의 끝에서 우리와 마찬가지로 뱃사람 이야기의 깊은 의미
를 받아들일 수밖에 없었던 결혼식 하객은 이제 경박한 잔치를
즐길 마음이 아니어서 신랑의 문에서 몸을 돌린다.

그는 정신이 멍해져
쓸쓸함을 느끼는 사람처럼 갔다.
다음 날 아침 일어났을 때

그는 전보다 슬프고 지혜로운 사람이었다.[19)]

아마 우리도 이 책을 덮으면서 더 슬프고 지혜로워졌을 것이다. 환경 위기의 심각성과 그에 대한 우리의 개인적 책임을 인식했기 때문만이 아니라 피해를 복구하는 일에 나설 수 있도록 머리와 마음을 바꾸려고 노력하고 있기 때문이기도 하다. 우리는 과거의 위대한 현자와 신비주의자와 예언자가 자연을 공경하는 모습을 보았다. 이제 그 지식과 헌신을 되살려내 우리와 자연 세계의 유대를 회복하는 일은 우리에게 달려 있다.

| 감사의 말 |

30년 넘게 나의 친구이자 에이전트였던 펄리시티 브라이언에게 감사와 사랑의 마음을 담아 이 책을 바친다. 그녀가 없었다면 나는 절대 글을 쓰는 사람이 되지 못했을 것이다. 하지만 이 책에는 미국의 편집자 댄 프랭크의 지울 수 없는 흔적이 남아 있다. 그는 때 이르게 세상을 떠나기까지 너그러운 마음으로 귀중한 통찰을 제공해주었다. 이 두 사람은 누구와도 바꿀 수 없다.

평소와 마찬가지로 나의 친구이자 보들리헤드 출판사의 편집자인 외르크 헨스겐에게 엄청난 빚을 졌다. 그의 열의와 헌신과 귀중한 통찰은 편집 과정을 기쁨으로 바꾸어주었다. 크노프 캐나다의 편집자 루이스 데니스, 크노프 뉴욕의 편집자 앤드루 밀러, 보들리헤드 출판사의 스튜어트 윌리엄스에게도 그들이 보여준 우정과 격려에 감사한다. 보들리헤드 출판사에서 교열을 맡아준 새뮤얼 웰스, 교정을 맡아준 캐서린 프라이, 색인을 작성해준 벤 머피, 표지를 디자인해준 맷 브로턴, 홍보를 맡아준 라이언 보우스에게 책을 생산하고 홍보하는 기술과 전문 지식에 감사하고 싶다. 아주 뛰어나게 펄리시티의 일을 이어준 나의 충실한 에이전트 캐서린 클라크, 캐나다의 에이전트 앤 맥더미드, 그리고 물론 오랜 세월 의리 있게 나를 보살펴준 피터 긴스버그와 앤드루 넌버그에게도 매우 감사한다. 변함없는 친절, 인내, 실질적 도움을 준 펄리시티 브라이언 사무실의 미셸 토프햄에게도 감사한다.

| 주석 |

프롤로그

1) David Abram, *The Spell of the Sensuous: Perception and Language in a More-than-Human World* (New York, 1996), 7-10.

2) 같은 책, 19.

3) Lucien Lévy-Bruhl, *How Natives Think*, Lilian A. Clare 역 (New York, 2015).

4) 〈창세기〉 1:28. 달리 언급하지 않으면 모든 성경 인용은 *The Jerusalem Bible* (London, 1966)에서 가져온 것이다(번역에서는 《공동번역 성서》를 인용하되 원문에 맞추어 약간 손을 보았다-옮긴이).

5) Mircea Eliade, *The Myth of the Eternal Return: Or, Cosmos and History*, Willard J. Trask 역(Princeton, NJ, 1966), 104.

6) Thomas Aquinas, *Summa Theologiae 8.1*, in Timothy McDermott 편역, *Summa Theologiae: A Concise Translation* (London, 1989).

7) René Descartes, *Les Meteores*, in Paul J. Olscamp 편역, *Discourse on Method, Optics, Geometry and Meteorology* (Indianapolis, 1965), 203.

8) Isaac Newton이 Richard Bentley에게 쓴 편지, 1691년 12월 10일, in *The Correspondence of Isaac Newton*, Vol. 3, H. W. Turnbull 편, 236.

9) 같은 책, 108.

10) Samuel Clarke, 'A Discourse Concerning the Unchangeable Obligations of Natural Religions and the Truth and Certainty of Christian Religion', in Richard Watson 편, *A Collection of Theological Tracts* (London, 1985), 246.

11) Seyyed Hossein Nasr, 'The Spiritual and Religious Dimensions of the Environmental Crisis', in Barry McDonald 편, *Seeing God Everywhere: Essays on Nature and the Sacred* (Bloomington, IN, 2003), 94-5.

1장 신들이 땅 위를 거닐던 때

1) Johannes Sloek, *Devotional Language*, Henrik Mossin 역 (Berlin and New York, 1996), 53-96.

2) 같은 책, 50-2, 68-71.

3) Mark Johnson, *The Body in the Mind: The Bodily Basis of Meaning, Imagination and Reason* (Chicago, 1987).

4) Gavin Flood, *The Ascetic Self: Subjectivity, Memory and Tradition* (Cambridge, 2004), 218-25.

2장 "만물이 내 안에 있다"

1) Willard J. Peterson, ˊFang- chih: Western Learning and the Investigation of Thingsˊ, in William Theodore de Bary 편, *The Unfolding of Neo-Confucianism* (New York, 1975).

2) Tu Weiming, ˊThe Continuity of Being: Chinese Visions of Natureˊ, in Tu Weiming, *Confucian Thought: Selfhood as Creative Transformation* (Albany, NY, 1985), 137-8.

3) Harold D. Roth 역, *Original Tao: Inward Training and the Foundations of Taoist Mysticism* (New York, 1999), 46.

4) 《논어》 15.23; Edward Slingerland 역, *Confucius: Analects* (Indianapolis and Cambridge, 2004).

5) 《맹자》 7A.4; 달리 밝히지 않으면 《맹자》의 인용은 D. C. Lau 역, *Mencius* (London, 1970)에서 가져온 것이다.

6) 《도덕경》 (DDJ) 1. 1-2; 달리 밝히지 않으면 《도덕경》의 인용은 D. C. Lau 역, Lao Tzu, *Tao Te Ching* (London, 1963)에서 가져온 것이다.

7) 《도덕경》 1. 1. 2

8) Toshihiko Izutsu, *Sufism and Taoism: A Comparative Study of Key Philosophical Concepts* (Berkeley, Los Angeles and London, 1983), 302-413.

9) 《도덕경》 40.

10) 같은 책, 62.

11) 같은 책, 42.93.

12) 같은 책, 52; in *Tao Te Ching*, Stephen Aldiss and Stanley Lombardo 역

(Indianapolis, 1992).

13) 《도덕경》 40.88.

14) 같은 책, 16.85.

15) 《장자》 19; in Burton Watson 편역, *The Complete Works of Zhuangzi* (New York, 2013), 147.

16) 같은 책, 6; in Watson, *Complete Works of Zhuangzi*, 47.

17) Jan Gonda, *The Vision of the Vedic Poets* (New Delhi, 1984), 27-34, 56-7.

18) Rig Veda (RV) 10.127.1; William K. Mahony 역, *The Artful Universe: An Introduction to the Vedic Religious Imagination* (Albany, NY, 1998), 18-19.

19) RV 10.68.1; Wendy Doniger 역, *The Rig Veda: An Anthology* (London, 1981).

20) RV 1.124.7.

21) Tatyana J. Elizarenkova, *Language and Style of the Vedic Rishis* (Albany, 1995), 17-18; Gonda, *Vision*, 89.

22) Stephanie W. Jamison and Michael Witzel, 'Vedic Hinduism', in Arvind Sharma 편, *The Study of Hinduism* (Columbia, SC, 1992), 67.

23) Mahony, Artful Universe, 3-4, 46-50.

24) Jan Gonda, *Four Studies in the Language of the Veda* ('s-Gravenhage, 1955), 129, 133.

25) RV 2.13.17; 3.38.2-3; 3.61.7; 5.85.1-2, 5-6.

26) 같은 책, 3.88.2; Mahony 역, *Artful Universe*.

27) Bede Griffiths, *A New Vision of Reality: Western Science, Eastern Mysticism and Christian Faith*, Felicity Edwards 편(London, 1992년판), 58-9.

28) Brhadaranyaka Upanishad 5.3.1; Patrick Olivelle 역, *Upanishads* (Oxford, 1996).

29) Kaushitiki Upanishad 4.20; Mahony 역, *Artful Universe*, 166.

30) Brahmabindu Upanishad 12; Mahony 역, *Artful Universe*, 164.

31) Mahony, *Artful Universe*, 169.

32) Arnand Sharma, 'Attitudes to Nature in the Early Upanishads', in Lance E. Nelson 편, *Purifying the Earthly Body of God: Religion and Ecology in Hindu India* (Albany, NY, 1998).

33) Chandogya Upanishad 7. 1; Sharma 역, 'Attitudes to Nature'.

34) 같은 책, 7.6; Sharma 역, 'Attitudes to Nature'.

35) Jean-Paul Sartre, *The Imaginary: A Phenomenological Psychology of the Imagination*, Kenneth Williford and David Rudrauf 역(London, 2012).

36) Paul Williams, *Mahayana Buddhism: The Doctrinal Foundations* (London, 1989), 30-4, 72-81.

37) Han Shan, *The Collected Songs of Cold Mountain* (Port Townsend, WA, 1983), 79.

38) Charles Eliot, *Japanese Buddhism* (London, 1969), 160.

39) 같은 책, 67-8.

40) 〈사도행전〉 17:34.

41) Denys Turner, *Eros and Allegory: Medieval Exegesis of the Song of Songs* (Milton Keynes, 1995), 47. 68; Denys Turner, *The Darkness of God: Negativity and the Sacred* (Cambridge, 1995), 2. 47; Eric D. Perl, *Theophany: The Neoplatonic Philosophy of Dionysius the Areopagite* (New York, 2007).

42) *The Divine Names* (DN) 712, A. B; Denys의 글 인용은 Colm Luibheid 편역, *Pseudo-Dionysius: The Complete Works* (New York, 1987)에서.

43) William Wordsworth, 'Lines composed a Few Miles above Tintern Abbey, on Revisiting the Banks of the Wye during a tour. July 13,1798', lines 91-3.

44) 같은 책, 93-102.

45) Wordsworth, 'Expostulation and Reply', 17-24.

46) Wordsworth, 'The Tables Turned', 32.

3장 "거룩하다! 거룩하다! 거룩하다!"

1) 〈출애굽기〉 24:17.

2) 〈이사야서〉 6.

3) Rudolf Otto, *The Idea of the Holy: An Inquiry into the Non-rational Factor in the Idea of the Divine and Its Relation to the Rational*, John W. Harvey 역 (Oxford, 1923), 29-30.

4) 〈출애굽기〉 3:1-6. Thorkild Jacobsen, *Treasures of Darkness: A History of Mesopotamian Religion* (New Haven, CT, 1976), 6.

5) S. David Sperling, 'Israel's Religion in the Near East', in Arthur Green 편, *Jewish Spirituality*, 2 vols (London and New York, 1986, 1988), 127-8.

6) 〈열왕기상〉 19:11-13.

7) 〈시편〉 8.

8) 같은 책, 104:2-4.

9) 같은 책, 104:29-30.

10) Stephen A. Geller, 'Nature's Answer: The Meaning of the Book of Job in Its Intellectual Context', in Hava Tirosh-Samuelson 편, *Judaism and Ecology: Created World and Revealed World* (Cambridge, MA, 2002), 109.29.

11) 〈열왕기상〉 5:13-14.

12) 〈욥기〉 3:4-5.

13) Robert Alter, *The Art of Biblical Poetry* (New York, 1985), 94-110.

14) 〈욥기〉 38:4, 6-9.

15) 〈욥기〉 39:18.

16) 〈욥기〉 39:19-25.

17) 〈욥기〉 40:18-23.

18) 〈출애굽기〉 19:16.

19) Geller, 'Nature's Answer', 129.

20) J. C. Heesterman, *The Inner Conflict of Tradition: Essays in Indian Ritual, Kingship and Society* (Chicago and London, 1985), 70-2.

21) Evagrius of Pontus, *On Prayer*, 67, 71, in G. E. H. Palmer, P. Sherrard and K. Ware 편역, *The Philokalia* (London, 1979).

22) Turner, *Darkness of God*, 12-49, 252-72; Andrew Louth, *Denys the Areopagite* (Wilton, CT, 1989).

23) Denys, *Mystical Theology*, 1033 C.

4장 망가진 세계를 위한 노래

1) Aitereya Brahmana 5.32.

2) Jaminiya Brahmana 1.111; Taittiriya Brahmana 1.1.3.5; Pancavimsha Brahmana 12.11.2; Brian K. Smith 역, *Reflections, Resemblance, Ritual and Religion* (Oxford, 1992), 58-65.

3) Shatapatha Brahmana (SB) 1.1.3.5; Jaminiya Brahmana 1.111; Pancavimsha Brahmana 24.11.2; Smith 역, *Reflections*, 58-65.

4) SB 10.4.2.2; Mahony 역, *Artful Universe*, 132.

5) SB 7.1.2. 9-11; Mahony 역, *Artful Universe*, 135.

6) SB 7.1.2. 11; Mahony 역, *Artful Universe*, 134.

7) SB 7.1.2.7-8; Mahony 역, *Artful Universe*, 134.

8) Smith, *Reflections*, 65.

9) Pañcavimsha Brahmana 18.3.

10) Qur'an 19:58, 39:23, 5:83; M. A. S. Abdel Haleem 역, *The Qur'an: A New Translation* (Oxford, 2010).

11) Suzanne Langer, *Philosophy in a New Key: A Study in the Symbolism of Music, Rite and Art* (Cambridge, MA, 1942), 222.

12) Kristina Nelson, *The Art of Reciting the Qur'an* (Cairo, 2001), 99.

13) Iain McGilchrist, *The Master and His Emissary: The Divided Brain and the Making of the Western World* (New Haven and London, 2009), 73-4.

14) 같은 책, 409-10.

15) Izutsu, *Sufism and Taoism*, 116-38, 152-4.

16) Henry Corbin, *Alone with The Alone: Creative Imagination in the Sufism of Ibn Arabī* (Princeton, NJ, 1969), 184-7.

17) 같은 책, 185.

18) Qur'an 7.156; Arthur J. Arberry 역, *The Koran Interpreted* (Oxford, 1964).

19) Gershom Scholem, *The Messianic Idea in Judaism and Other Essays on Jewish Spirituality* (New York, 1971), 43-8.

20) 경제협력개발기구(OECD)와 퓨 연구 센터의 보고서를 따랐다.

5장 신이 되는 동물들

1) Smith, *Reflections*, 30-4, 72-81.

2) Henri Hubert and Marcel Mauss, *Sacrifice: Its Nature and Function*, W. D. Halls 역(Chicago, 1964), 19-49.

3) Smith, *Reflections*, 103; Louis Renou, *Religions of Ancient India* (London, 1953), 18.

4) SB 11.2, 2.5; Smith 역, Reflections, 103.

5) RV 10.90; Doniger 역, *Rig Veda*.

6) SB 92.3; Mahony 역, *Artful Universe*.

7) Taittiriya Aranyaka 2.10; Mahony 역, *Artful Universe*.

8) Laws of Manu 3. 92.3; Mahony 역, *Artful Universe*.

9) Taittiriya Upanishad 1.11.2, 3.10.1; Mahony 역, *Artful Universe*.

6장 예고에서 풀려나기

1) Frederick F. Mote, *The Intellectual Foundations of China* (New York, 1979), 17-18.

2) DDJ 52.

3) 같은 책 51.

4) 같은 책 22.

5) Samyutta Nikaya 22.59; Bhikkhu Ñanamoli 역, *The Life of the Buddha* (Kandy, 1992), 67.

6) 〈필립비서〉 2:6-7.

7) 같은 책, 2:5.

8) 같은 책, 2:2-4.

9) 〈고린도전서〉 13:4.

10) 〈마태복음〉 5:47-48.

11) Toshihiko Izutsu, *God and Man in the Koran: Semantics of the Koranic Weltanschauung* (Tokyo, 1964), 148.

12) Qur'an 96; Michael Sells 역, *Approaching the Qur'an: The Early Revelations* (Ashland, OR, 1999).

13) *The Book of Zhuangzi*, David Hinton 역, *Chuangzu: The Inner Chapters* (Washington, DC, 1998).

7장 "자연은 기적이다"

1) 달리 언급이 없으면 쿠란 인용은 M. A. S. Abdel Haleem, *The Qur'ān: A New Translation* (Oxford and New York, 2004)에서 가져온 것이다.

2) Ibrahim Özdemir, 'Toward an Understanding of Environmental Ethics from a Qur'anic Perspective', in Richard C. Foltz, Frederick M. Denny and Azizan Baharuddin 편, *Islam and Ecology: A Bestowed Trust* (Cambridge, MA, 2003), 7-10.

3) Qur'an 80: 24-32.

4) Sells, *Approaching the Qur'an*, xvi.

5) Qur'an 2:115.

230

6) 같은 책, 10:6.

7) S. H. Nasr, 'The Cosmos and the Natural Order', in Sayyed Hossain Nasr 편, *Islamic Spirituality: Foundations* (New York, 1987), 347.

8) Qur'an 22:18.

9) 같은 책, 6:95; Arberry 역, *The Koran Interpreted*.

10) 같은 책, 6:95-6; Arberry 역, *The Koran Interpreted*.

11) 같은 책, 36: 38-40.

12) 같은 책, 55:1-12; Arberry 역, *The Koran Interpreted*.

13) 같은 책, 99: 6-9; Sells 역, *Approaching the Qur'an*.

14) 같은 책, 90: 13-16; Sells 역, *Approaching the Qur'an*.

15) 같은 책, 88: 17-20; Sells 역, *Approaching the Qur'an*.

16) Francis of Assisi, 'Canticle of the Sun', written in Old Italian, 1224; Franciscan Friars 역, Third Order Regular, Wikipedia.

17) Gerard Manley Hopkins, 'Spring', in *Poems of Gerard Manley Hopkins*, Robert Bridges 편 (London, New York and Toronto, 3rd edn, 1952), 71.

18) 같은 책, 95.

19) Mary Oliver, 'The Country of the Trees', in *Blue Horses* (London, 2018).

20) Oliver, 'Do Stones Feel?', in 같은 책.

21) 〈아모스서〉 1:9,11; 2:7.

22) 같은 책, 6:4-6.

23) 〈이사야서〉 1: 17-19.

24) 〈누가복음〉 6: 22-5.

8장 "내가 당하기 싫은 일을 남에게 하지 말라"

1) 《논어》 12.3; T. R. Slingerland 역, *Confucius: Analects* (Indianapolis and Cambridge, 2003).

2) 같은 책, 4.15; Slingerland 역, *Confucius*.

3) 같은 책, 12.2; Slingerland 역, *Confucius*.

4) 같은 책, 6.28; Arthur Waley 역, *The Analects of Confucius* (New York, 1992).

5) 같은 책, 15.23; Waley 역, *The Analects*.

6) Herbert Fingarette, *Confucius: The Secular as Sacred* (New York, 1972), 55-6.

7) *Hamlet*, 3막, 4장, 150행.

8) Mencius 2A.2; D. C. Lau 역, *Mencius* (London, 1970).

9) 같은 책, 7A.4; Lau 역, *Mencius*.

10) 'The Great Learning (Daxue)', Irene Bloom 역, in William Theodore de Bary and Irene Bloom 편, *Sources of Chinese Tradition: From Earliest Times to 1600* (New York, 1999), 330-1.

11) Irene Bloom, 'The Mean (Zhongyong)', in 같은 책, 333-4.

12) Mean 30, in Wing Tsit Chan 편역, *A Sourcebook of Chinese Philosophy* (Princeton, NJ, 1969), 111-12.

13) 같은 책, 30, in Chan, *Sourcebook*, 107-8.

14) 같은 책, 20, in Chan, *Sourcebook*, 107.

15) 같은 책, 20, in Chan, *Sourcebook*, 108.

16) 같은 책, 25, in Chan, *Sourcebook*, 109.

17) 같은 책, 26, in Chan, *Sourcebook*, 110.

18) Mean 15.1; Tu Weiming 역, *Centrality and Commonality: An Essay on Confucian Religiousness* (Albany, NY, 1989).

19) Mean 12.2; in Chan, *Sourcebook*, 100.

20) Wing-tsit Chan 편역, *Reflections on Things at Hand: The Neo-Confucian Anthology Compiled by Chu His and Lu Tsu Ch'ien* (New York and London, 1967), 14.18, 302.

21) William Theodore de Bary, Wing-tsit Chan and Burton Watson편, *Sources of Chinese Tradition* (New York, 1960), 559.

22) Rodney L. Taylor, *The Religious Dimensions of Confucianism* (Albany, NY, 1990), 43-7.

23) Chan, *Reflections*, 2.83, 74-5.

24) 'Western Inscription (Ximing)', Wing-tsit Chan 역, in de Bary and Bloom, *Sources of Chinese Tradition*, 683-4.

25) Chan, *Reflections*, 14.18, 302.

26) William Theodore de Bary, 'Neo-Confucian Cultivation and the Seventeenth Century Enlightenment', in William Theodore de Bary, *The Unfolding of Neo-Confucianism* (New York and London, 1975), 151-90.

27) Xi Zhu, *Literary Remains of the Two Chengs*, 2a, in William Theodore de

Bary, *Learning for Oneself: Essays on the Individual in Neo-Confucian Thought* (New York, 1991), 283.

28) 같은 책, 3.31.

29) A. C. Graham, *Two Chinese Philosophers: The Metaphysics of the Brothers Ch'eng* (La Salle, IL, 1992), 76.

30) Chan, *Reflections*.

31) 같은 책, 14.25, 291.

32) 같은 책, 14.4a, 301.

33) 같은 책, 14.2b, 299.

34) 같은 책, 2/2ab, 40.

35) 같은 책, Zhu Xi를 인용, 99.28a.

36) 같은 책, 114.2.5, 291.

37) Xunzi, 'Dispelling Obsession', in Burton Watson 편역, *Xunzi: Basic Writings* (New York, 2003), 127-8.

38) Daodejing 13, Irene Bloom 역, in de Bary and Bloom 편, *Sources of Chinese Tradition*, 83-4.

39) 〈누가복음〉 6:27-37.

9장 "살아 있는 모든 것에 용서를 구합니다"

1) Paul Dundas, *The Jains* (2판, London and New York, 2002), 28-30.

2) 같은 책, 106-7.

3) Acaranga Sutra 1.4. 111-2, in Dundas, *The Jains*, 41-2.

4) 같은 책, 1.2.3, in Dundas, *The Jains*.

5) Avashyak Sutra 32, in Dundas, *The Jains*, 171.

6) Acaranga Sutra 13.115.22; Christopher Key Chapple 역, *Nonviolence to Animals, Earth and Self in Asian Traditions* (Albany, NY, 1993), 17.

7) Yoga Sutra 2.35.

8) Acaranga Sutra 1.1.2.1.5.5; Nathmal Tatia 역, *Studies in Jaina Philosophy* (Banaras, 1951), 18.

9) Patrick Olivelle 편, *Asoka : In History and Historical Memory* (Delhi, 2009), 1, 254-5.

10) Chapple, *Nonviolence*, 18; Abdul Fazl, *Akbar Nama*, H. Beveridge 역

(Calcutta, 1897), 333-4.

11) Chapple, *Nonviolence*, 19.

12) Mahabharata 114: 5.10; Chapple 역, *Nonviolence*, 79-80.

13) Laurence Sterne, *The Life and Opinions of Tristram Shandy*, Vol. II, Ch. 12.

10장 자기 초월과 공감의 동심원

1) *Shujing* 1; Burton Watson 역, in de Bary and Bloom 편, *Sources of Chinese Tradition*, 29.

2) Edward Conze, *Buddhism: Its Essence and Development* (Oxford, 1957), 102.

3) Anguttara Nikaya 8.7.3; Richard Gombrich, *How Buddhism Began: The Conditioned Genesis of the Early Teachings* (London and Atlantic Highlands, NJ, 1996), 60-1.

4) Anguttara Nikaya 3.65.

5) Sutta-Nipata, 118.

6) Tu Weiming, 'Beyond Enlightenment Mentality', in Mary Evelyn Tucker and John Berthrong 편, *Confucianism and Ecology: The Interrelation of Heaven, Earth and Human* (Cambridge, MA, 1998).

7) Wang Yangming, 'Inquiry on the Great Learning', in Chan, *Sourcebook*, 659-60.

에필로그

1) William Wordsworth, 'Lines Composed a Few Miles Above Tintern Abbey', ll. 41, 47-9.

2) Samuel Taylor Coleridge, 'Frost at Midnight', ll. 1-2.

3) 같은 책, ll. 9-10.

4) 같은 책, ll. 54-5, 59-64.

5) Coleridge, 'The Eolian Harp'.

6) Coleridge, 'The Rime of the Ancient Mariner', ll. 1-4.

7) 같은 책, II. 81-2.

8) 같은 책, II. 101-2.

9) 같은 책, II. 135.

10) 같은 책, II. 125-6.

11) 같은 책, II. 223.

12) 같은 책, II. 244-7.

13) 같은 곳.

14) 같은 책, IV. 274-87.

15) 같은 책, IV. 291.

16) 같은 책, IV. 363-72.

17) 같은 책, VII. 603-6.

18) 같은 책, VII. 612-17.

19) 같은 책, VII. 622-5.

정영목

번역가로 일하며 이화여대 통역번역대학원 교수로 재직 중이다. 옮긴 책으로
《신의 전쟁》《축의 시대》《프로이트》《왜 쓰는가》《작가는 어떻게 읽는가》《비
극》《미국의 목가》《로드》《제5도살장》《눈먼 자들의 도시》《불안》《마르크스
평전》등이 있다. 지은 책으로는 《소설이 국경을 건너는 방법》《완전한 번역에
서 완전한 언어로》등이 있다. 《로드》로 제3회 유영번역상을,《유럽 문화사》(공
역)로 제53회 한국출판문화상(번역 부분)을 수상했다.

성스러운 자연

2023년 9월 18일 초판 1쇄 발행

- 지은이 ──────── 카렌 암스트롱
- 옮긴이 ──────── 정영목
- 펴낸이 ──────── 한예원
- 편집 ──────── 이승희, 윤슬기, 양경아, 김지희, 유가람
- 본문 조판 ──────── 성인기획
- 펴낸곳 **교양인**
  우04015 서울 마포구 망원로6길 57 3층
  전화 : 02)2266-2776 팩스 : 02)2266-2771
  e-mail : gyoyangin@naver.com
  출판등록 : 2003년 10월 13일 제2003-0060